中南财经政法大学出版基金资助出版

中南财经政法大学
青年学术文库

政府财务信息披露影响因素与经济后果研究

ZHENGFU CAIWU XINXI PILU YINGXIANG YINSU YU JINGJI HOUGUO YANJIU

郑瑶◎著

中国财经出版传媒集团
中国财政经济出版社

图书在版编目（CIP）数据

政府财务信息披露影响因素与经济后果研究 / 郑瑶著. -- 北京：中国财政经济出版社，2022.12
（中南财经政法大学青年学术文库）
ISBN 978 - 7 - 5223 - 1800 - 4

Ⅰ.①政… Ⅱ.①郑… Ⅲ.①国家行政机关－财务信息－财务公开－研究－中国 Ⅳ.①F812

中国版本图书馆 CIP 数据核字（2022）第 237302 号

责任编辑：马 真　　责任印制：党 辉
封面设计：智点创意　　责任校对：徐艳丽

政府财务信息披露影响因素与经济后果研究
ZHENGFU CAIWU XINXI PILU YINGXIANG YINSU YU JINGJI HOUGUO YANJIU

中国财政经济出版社 出版

URL：http：//www.cfeph.cn
E - mail：cfeph@cfeph.cn

社址：北京市海淀区阜成路甲 28 号 邮政编码：100142
营销中心电话：010 - 88191522
天猫网店：中国财政经济出版社旗舰店
网址：https：//zgczjjcbs.tmall.com
北京财经印刷厂印刷 各地新华书店经销
成品尺寸：170mm×240mm 16 开 11 印张 168 000 字
2022 年 12 月第 1 版 2022 年 12 月北京第 1 次印刷
定价：50.00 元
ISBN 978 - 7 - 5223 - 1800 - 4
（图书出现印装问题，本社负责调换，电话：010 - 88190548）
本社质量投诉电话：010 - 88190744
打击盗版举报热线：010 - 88191661 QQ：2242791300

前言

政府财务信息公开是构建透明政府的重要基础，也是实现公民知情权与监督权的必要前提。近10年来，中国政府一直致力于推动预决算公开，努力打造透明政府与阳光财政。2007年4月，国务院正式发布《中华人民共和国政府信息公开条例》，首次将财政预算与决算报告纳入应重点公开政府信息的范围。2008年9月，财政部发布了《财政部关于进一步推进财政预算信息公开的指导意见》，明确要求中央部委和省级政府公开预决算报告，并就公开的内容与方式作了初步的指导性规定。自此，中国政府预决算公开改革正式拉开序幕。2010年1月，财政部发布《财政部关于进一步做好预算信息公开工作的指导意见》专门从完整、真实、细化三个方面对各级政府的预决算公开提出总体要求。政府财务信息披露质量的概念初现雏形。2013年8月和2014年3月财政部连续出台《财政部关于推进省以下预决算公开工作的通知》和《关于深入推进地方预决算公开工作的通知》，进一步对预决算公开的范围、程度、时间、形式、内容等作了具体规定。在上述文件的基础上，2016年10月，财政部正式发布了《地方预决算公开操作规程》，从操作层面对地方政府财务信息公开流程作了详细要求。财政部的上述意见、通知和规程不仅从制度层面规范了政府财务信息公开行为，更为各利益主体科学评价地方政府财务信息披露质量提供了制度依据。

然而，在推动预算公开改革的进程中，不同地方政府财务信息在披露时间、披露程度等方面均存在着地区间与年度间的较大差异。例如，有的地方政府仅笼统地披露政府财政收入与财政支出数据，并不对收支的具体构成进行说明，有的地方政府在披露财政收入与财政支出数据的基础上，还会对收支经费的具体组成部分予以详细说明；有的地方政府仅提供收支经费的变动信息，未对增减变动情况进行说明，有的地方政府在提供收支经费变动信息的基础上，还会对经费变动的原因进行详细解释。不同政府间信息披露存在的较大差异逐步成为社会舆论关注的焦点。

为此，我们撰写了本书，试图探究在中央统一规定的要求下，不同地方政府财务信息披露存在差异的主要原因，同时回答政府会计研究中一个最本源的问题，政府财务信息是否具备决策有用性。西方已有关于政府财务信息披露的研究主要基于政治竞争、官员选举和成熟的市政债券市场为场景，聚焦于官员的选举动机、融资动机对政府财务信息披露的影响，以及信息披露对选举行为、债务融资成本和债券评级的影响。中国制度背景与西方国家存在较大差异：一方面，中国是任命制政治体制。地方官员主要对上级政府和中央政府负责，公众缺乏动机获取、了解和分析政府财务信息对官员行为进行监督和评价。另一方面，中国尚未形成一个成熟的市政债券市场。只有省级政府和极少数经过批准的计划单列市可以自行发行政府债，其余地级市仍禁止自行发行政府债券进行融资。因而在中国现有的制度背景下，我们无法直接套用西方现有的政府财务信息披露理论对中国政府财务信息披露的影响因素和经济后果进行研究。

那么，中国政府财务信息披露到底受到哪些因素影响？在政治市场和政府债券市场以外，政府财务信息还能发挥什么样的作用？想要回答上述问题，需要结合我国的制度背景和政府特点进行分析。本书以中央政府2008年推进的预算公开改革为研究场景，将地方政府（省级政府和地级市政府）的预算报告和决算报告作为主要研究对象，制定指标体系评价我国政府财务信息披露质量。并以此为基础探究政府财务信息披露可能的影响因素和经济后果。首先，我们以地方政府的预决算报告和表格为观测对象，采用二分法（0和1）从披露内容和质量特征两个维度构建政府财务信息披露质量指标体系。同时区分强制披露内容和自愿披露内容，构建强制披露指标和自愿披露指标。其次，我们考察官员晋升动机对政府财务信息披露质量的影响，实证检验省级领导人晋升动机对政府财务信息披露质量的影响，发现受官员晋升动机周期性调整的影响，财务信息披露质量随着官员任职年限变化呈现出先降后升的现象。再次，我们考察官员问责动机对政府财务信息披露质量的影响，发现市长面临问责动机显著降低地方政府“三公”经费信息披露质量，主要原因是为了避免监督。最后，我们将政府财务信息披露质量的测量方法和研究思路，创新性地运用到对当地微观主体的行为决策研究中，结果发现地方政府财务信息公开能够促进当地企业创业行为。

本书尝试性地提出适用于中国制度背景下，地方政府财务信息公开中信息披露质量评价指标，衡量地方政府财务信息披露质量，并探寻可能的影响因素。扩展了公共受托责任理论，完善了任命制体制下官员动机对政府财务信息披露影响因素的研究。同时，识别了任命制政体下政府“三公”经费信息披露具备的“监督”效应。此外，本书还兼顾讨论了官员其他动机，包括官员任期内的经济业绩、造假动机、晋升动机和融资动机在地方政府财务信息披露策略中的影响。最后，本书首次检验了一个基础且有意义的问题，政府财务信息披露到底有没有用处。借鉴会计信息在资本市场用缓解信息不对称、提供更多前瞻性信息的研究理论，我们通过微观企业的投资行为验证了政府财务信息披露具有正向效果。

作者

2022 年 3 月

目　录

第1章 导 论

1.1 研究背景与研究意义

1.1.1 研究背景

受托责任（Accountability）的核心问题是对权力进行控制以防止出现权力滥用，并涉及两个基本问题：谁能使用权力以及如何使用权力（Schedler，1999）。官员受公众委托行使公共权力，花费公共资金和使用公共资源，就需要对自己的行为和活动负责，并对资金和资源的使用情况提供相关信息和解释说明。由于每一项活动均需要花费资金，政府的所有行为和活动最终都会在财务信息中体现出来，公共受托责任需要与财务信息联系起来才具有实质性的内容（Glynn，1987；Funnell 和 Cooper，1998）。政府通过提供财务信息，说明公共资源的履行情况，进而解除受托责任。公众获取并分析政府财务收支信息，知晓公共政策的执行结果（Ingram 和 Copeland，1981），实现对官员的问责。因此，政府财务信息公开成为政府解除受托责任中“提供相关信息”的第一步，也是实现透明政府的前提条件。

在已有文献中，政府财务信息披露的研究主要是基于西方政治体系中直接选举、三权分立与联邦制的政府架构，沿着直接选举下政治家的选票最大化动机以及市政债券市场下官员的融资动机两大主线展开。在这些文献中，官员受托责任主要体现在以下两个方面：其一，公众把公共资源交给政府，官员受托使用公共资源（Cameron，2004；Newell 和 Wheeler，2006；Zhang 和 Zhang，2012），需要向公众提供信息说明公共资金的使用情况。同时，在直接选举的制度背景下，作为信息的供给方的官员，也具有选票最大化动机（Downs，1957）。为了赢得选举或者连任，官员有动机迎合选民的信息需要，提供高质量的政府财务信息（Ingram，1984；Baber 和 Sen，1984）。其二，公众作为债权人购买市政债券，有动机了解债券定价中的违约风险，政府为了降低融资成本并提高政府债券的评级，需要通过披露政府财务信息来缓解信息不对称，增加政府透明度（Evans 和 Patton，1983；Benson 等，1984；Ingram 和 Dejong，1987；Raman 和 Wilson，1990）。此外，通过对市政债券的研究发现，当政府作为发债主体参与到债券市场中时，债务融资（Baber 和 Sen，1984）、债务规模（Evans 和 Patton，1982）、债券市场的利率（Ingram，1984）均会影响政府财务信息披露的程度。

基于上述两个场景的研究均提出了政府财务信息披露的两个理论，一是信号理论。在信号理论下，官员通过更高质量地披露财务信息，向选民和债权人发出较佳的业绩信号，以便获得最大化选票或者降低融资成本：一方面，官员为了赢得选举或者连任，有动机迎合选民的信息需要，增加政府财务信息披露质量（Ingram，1984；Baber 和 Sen，1984；Kido 等，2012），释放较佳的执政业绩信号，更好地说明其具备足够的能力胜任这一职位，赢得更多选票；另一方面，在成熟的资本市场中，官员有动机提升政府财务信息披露质量，向债权人释放出透明政府的信号，以此来缓解地方政府与债权人之间的信息不对称，降低市政债券的融资成本和提高债券评级（Evans 和 Patton，1983；Ingram 和 Dejong，1987；Raman 和 Wilson，1990；Cuny，2016）。二是监督理论。在监督理论下，官员的个人效用与其任职期间内可自由裁量的预算总额单调正相关（Niskanen，1975；1991）。为了实现任职期间内的可自由裁量预算最大化目标，官员有动机利用财务信息在政府与公众之间的信息不对称，形成一种“双边信息垄断能力”（Ginzales 和 Mehay，1985），以此来保持官员的信息优势，实现预算最大化，进而实现官员个人效用最大化目标。在缺乏外部治理机制介入并形成有效约束的情况下，地方官员作为理性经济人，不仅不会主动提升政府财务信息披露质量，甚至可能降低信息披露质量，仅按照最低强制标准进行披露，从而避免公众监督。因此，按照监督理论，公众（选民）需要设计有效的治理机制，确保政府财务信息披露能够满足公众最低监督需求。

已有文献基于单一的官员效用（晋升动机或融资动机）探讨官员的信息披露行为，现实中官员效用目标既有可能影响地方政府财务信息披露决策，又有可能受到地方政府财务信息披露决策的影响。这种潜在的内生性问题限制了经验研究识别并分离上述两种假说的作用机制。为了缓解内生性问题的限制，Cuny（2016）以金融危机中给政府债券担保的保险公司破产为外生冲击，通过倍差法识别了当市政债券丧失担保以后，地方官员在降低融资成本动机的驱动下，主动提升了财务信息披露质量，从而支持了在资本市场融资需求中政府披露财务信息的信号假说。但相对于地方政府的融资动机而言，官员晋升动机与其个人效用目标更为密切。地方官员在政治晋升（包括当选或者连任）过程中，采取何种策略披露政府财务信息，以及该策略主要受到信号假说影响还是监督假说的影响，仍缺乏经验证据的支持。同时，基于西方国家制度背景的研究都将直接选举制度和成熟市政债券市场作为研究公共受托责任的前提。在任命制体制和市政债券市场不完善的情况下，可能存在着与西方文献不一致的受托责任履行路径，以及不同的政府财务信息披露逻辑。这些国家的政府财务信息披露，既无法由选民与官员之间的信息供求机制驱动，也难以受到资本市场资金供求关系的影响。在这些国家中，政府具备何种动机披露财务信息？哪些因素会影响政府财务信息披露的质量？这些均缺乏相应的研究。

想要回答上述问题，需要在任命制政府与不完善的市政债券市场背景下对政府财务信息披露质量进行研究。中国为我们提供了一个非常恰当的研究场景。首先，到目前为止，中国尚未形成一个完善的市政债券市场（He，2014）。除部分省、自治区和直辖市以外，地级市政府均不能直接在债券市场上自主发行债券进行融资，官员缺乏因融资需求产生增加信息披露的动机。其次，中国是一个任命制体制国家，地方官员人事任免由上级党委或政府决定（Zeng，2014），公众对其没有直接选举权，理论上在缺乏上级政府的压力下，官员也缺乏动机自发提升信息披露质量。在缺乏成熟市政债券市场和直接选举制度下，中国地方官员更有意愿向有人事任免权的上级政府披露各类信息，而不是向普通公众披露。实际上，中国政府的财务信息披露并不是官员自发主动进行，而是由中央政府自上而下推进。在过去的近10年的时间里，中国政府推动了预决算信息公开改革并进一步作出了具体规范。2008年5月，国务院正式实施《中华人民共和国政府信息公开条例》，首次规定政府部门要重点公开政府财政预决算信息，政府财务信息不再成为秘密。2008年9月，财政部发布《财政部关于进一步推进财政预算信息公开的指导意见》，对政府财政预决算公开的内容和方式作出规定。2010年3月，财政部发布了《关于进一步做好预算信息公开工作的指导意见》，明确了预决算的信息公开主体和具体的表格信息，并要求政府部门要大力推进重大民生支出公开。2013年8月，财政部发布了《关于推进省以下预决算公开工作的通知》，在全面公开省级预决算及“三公”经费的基础上，要求进一步推动省以下预决算公开工作。2014年3月，财政部再次发布《关于深入推进地方预决算公开工作的通知》，在已有规定基础上，进一步细化政府预决算信息公开的内容、时间和公开方式，并要求增加便于公众理解的解释与说明。截至2017年，全国地方26.1万家预算单位中，预决算报告的公开率达到了99.7%。预决算信息公开已逐步成为各级地方政府财务信息披露的主要方式。

然而，随着政府财务信息公开的推进，地方政府财务信息的披露质量也成为社会各方关注的焦点。一是财务数据真实性问题。2017年1月至2018年1月期间，辽宁、内蒙古、天津滨海新区两省一区政府先后承认本级或者下辖政府财政数据造假。其中，内蒙古调减2016年一般公共预算收入530亿元人民币，占总量的26.3%。政府财务数据造假不仅扭曲了自上而下的经济考核机制、误导了公众判断，更极大影响了国家决策层宏观政策制定与执行的有效性。二是报告晦涩难懂。在每年两会召开期间，人大代表与政协委员均抱怨政府公布的预决算账本“条目过粗”“项目分类不清”“看不懂、看不完”。财务信息缺乏可理解性直接影响了信息使用者对数据的理解与分析。因此，如何尽快采取有效措施提升政府财务信息披露质量，成为中国政府预决算公开改革取得成功的前提条件。三是地区间政府财务信息披露质量参差不齐。地方政府的财务信息披露质量在地域和年度分布上存在较大差异。有的地方政府公开了完整的“四本”预算信息，有的地方政府却只公开其中的部分信息；有的地方政府会提供资金收支的增减变动情况，并针对变动原因进行解释说明，有的地方政府却未有任何与资金变动相关的说明；有的地方政府会对财政收支的各明细项进行列举，让公众了解政府各项收入的组成与不同支出的用途，有的地方政府仅有一个笼统的收支金额；有的地方政府在人大批准预决算信息的当天或第二天就将信息公开，有的地方政府在几个月后才向公众公开。政府财务信息披露的差异性引发了一些疑问：在现有制度框架下，影响中国地方政府财务信息披露质量的关键因素究竟是什么？除了遵从中央的统一部署外，地方领导人的效用目标会对地方披露决策产生何种影响？如果领导人仅为了响应中央统一部署，地方政府理应对照财政部的相关公开规定，按照基准质量要求披露政府财务信息。但现实中，为何一些地方政府在一些特定年份会主动披露更高质量的政府财务信息，如在报告中作出更详细的说明，以及提供更多的可比信息？

在上述政府预决算信息公开改革的大背景下，我们试图采取科学合理的方式量化政府财务信息披露质量，并进一步分析官员动机和其他治理机制对政府财务信息披露质量的影响，以及政府财务信息披露的经济后果。首先，我们在西方已有信息披露质量衡量的文献基础上，结合中国制度背景与相关披露政策规定，重新制定政府财务信息披露质量的衡量标准，有助于科学系统地评价政府财务信息的公开效果。客观科学地衡量信息披露质量是政府财务信息披露研究中的一大难点。早期文献多从年度财务报告的页数（Zimmerman，1977；Magann，1983）、是否获得相关认证（Evans和Patton，1983），以及是否采用公认会计原则（Baber和Sen，1984）等方式来衡量信息披露质量；后续研究开始重视综合评分体系的构建，并关注评分项目的选择（Dixon和Coy，1991；Marston和Shrives，1991）、权重的选取（Coy和Dixon，1993、2004），以及评分规制的设定（Caba等，2008）等方面，并形成了一套相对成熟的政府财务信息披露质量的衡量体系。然而，西方文献主要以政府财务报告为基础制定衡量标准，中国政府会计尚未完全完成改革，并未全面公开披露政府综合财务报告，现阶段仍以预决算信息为主要的公开对象。预决算信息在核算内容、披露主体、信息供求机制等方面均与西方国家存在较大差异，直接运用已有文献的衡量方式难以直接衡量中国政府财务信息披露质量。因此，有必要根据中国政府财务信息披露的内容和方式，设计出适用于中国特殊制度背景下的政府财务信息披露质量评价标准，以此来衡量中国地方政府信息披露程度的高低，这也是探究政府财务信息披露质量影响因素以及其经济后果的基础。

我们以2011—2017年中国地方政府财务信息公开报告和相应表格为观测对象，采用二分法（0和1）构建政府财务信息披露质量指标体系。在构建指标体系过程中，尽量细化得分项目，对每一项目均根据报告内容采用二分法予以赋值，即报告中包含该项信息赋值1分，否则为0分。对于一些特殊的衡量指标，如质量特征维度中的可理解性指标则以字符数、图表数等方式赋值，未采用二分法。同时，区分强制性披露内容和自愿性披露内容，构建强制性指标和自愿性指标。强制性披露内容是按照财政部统一规定要求地方政府披露的信息。强制性指标衡量地方政府财务公开行为对财政部最低披露标准的完成程度，表示政府的被动公开程度。自愿性披露内容是地方政府在满足财政部最低披露标准基础上，额外披露的信息，自愿性指标衡量地方政府在财务信息公开中的主动披露程度。在建立起政府财务信息披露质量评价体系后，我们将对地方政府披露的预算报告和决算报告进行量化，衡量政府财务信息披露质量。并以该披露质量为基础，进一步以地方官员动机为主分析并确定地方政府财务信息披露质量的影响因素，并考虑其他因素可能的调节效应。

其次，官员作为地方政府财务信息披露的主要负责人，官员的披露动机是影响政府财务信息披露质量的最重要因素。探究地方政府财务信息披露的影响因素，有助于帮助决策层从制度设计中有效激励地方官员提升信息披露质量。已有文献将政府财务信息披露质量影响因素归纳为以下四方面：政府官员的个人特征与动机。官员动机包括晋升预期（Chen和Kido，2012）、预算最大化效用（Niskanen，1971）等；官员特征包括薪酬水平（Evans和Patton，1987）和受教育水平（Carpenter，1991）等。政府内部治理机制。如主要官员权利（Ingram，1984；Lent，2012）、任命或选举（Girous，2006；Vermeer等，2012）等。外部治理环境，如立法监督机构

（Rubin，1987；Gore，2004）和审计监督（Baker 和 Gore，2013）的作用、网络环境（Cuny，2016）、公众压力（Chaudhuri 等，2005；Styles 和 Tennyson，2007）、媒体满意度（Isabel 等，2013）、制度文化环境（Bolívar 等，2016）、经济环境（Cuny，2016）的影响等。政府财务特征，如债务水平（Laswad 等，2005）和赤字水平（AnaMaría 等，2013）。但西方国家制度背景和经济环境与中国政府存在较大差异，官员动机也大相径庭。例如，中国政府官员是任命制，官员并不直接由公众投票选举产生，而是由上级官员直接任命产生，官员缺乏为了获得选票最大化而进行信息披露的动机。但官员可能会为了满足上级政府要求、获得良好的声誉、彰显更好的业绩而主动增加信息披露。同时，中国缺乏市政债券市场，政府不能直接在债券市场进行融资，官员缺乏类似西方研究中的融资动机。因此，有必要结合中国地方官员的任命机制与政府内部的管理制衡机制，确定地方政府财务信息披露质量的影响因素，才能从制度设计上精确地提出有助于信息披露质量提升的建议。

我们从两个角度考察官员动机对政府财务信息披露质量的影响。一方面，我们试图考察官员晋升动机对政府财务信息披露质量的影响。该部分主要观测的政府财务信息披露为省级政府的决算报告。选择决算报告的主要原因是，决算报告反映政府过去发生的实际收入和支出，是对已经发生的收支行为进行总结和报告，相比预算报告，决算报告更类似于西方政府披露的政府财务报告，因而该部分主要以政府决算报告为主要研究对象。在手工收集并对中国省级政府决算信息披露质量进行度量的基础上，该部分实证检验了省级官员的晋升动机对政府财务信息披露质量的影响。研究发现：受官员晋升动机周期性调整的影响，政府财务信息披露质量随着官员任职年限推移，呈现出先下降后上升的现象。该发现在改变任期度量方式，控制政治周期，剔除可能存在数据“粉饰”的样本后，结果依旧保持稳健。执政业绩较好与晋升机会可预期是官员晋升动机影响财务信息披露质量的两大前置条件。进一步分析可知：较大的晋升压力会增强官员提升财务披露质量的动机。同时，提升财务信息披露质量也增强了官员的媒体曝光度。

另一方面，我们也试图考察官员问责动机对政府财务信息披露质量的影响。该部分以中国地方政府统一推进的预决算公开改革及中共十八大以来的反腐行动为研究场景，采取 DID 模型观测当与市长有关系的省级领导落马时，市长政治关系崩塌对地方政府“三公”信息披露策略的影响。该部分以政府“三公”经费信息披露为主要的财务信息披露观测对象，主要原因是“三公”经费信息反映了政府及其部门公车维护与购置、因公出国、公务接待三方面的开销，它是政府可支配预算使用情况的重要信息载体。“三公”经费的高低与政府官员在任期间因公出国的舒适程度、公务接待的规模档次、公务用车的豪华程度成正比。在信息不透明、缺乏外部监督的情况下，政府官员有动机最大化“三公”经费规模。研究发现：在市长的政治关系崩塌后，地级市政府会显著降低“三公”经费信息的披露质量，其主要原因是市长丧失政治保护，而非担心因关系领导落马受到牵连。即政治关系丧失后，避免监督是“三公”信息披露决策的主要动机。进一步研究发现：较好的执政业绩能够缓解政治关系崩塌对“三公”信息披露质量的负向影响。可能的原因是当业绩较好时，发出清廉信号动机能够缓解避免监督动机对“三公”信息披露的不利影响。但可能的数据造假，以及市长缺乏晋升动机会进一步增强上述负向效应。地方政府具备融资压力则未能缓解上述负向影响。该部分的设计能够有效识别官员动机变化与政府财务信息披露决策间的因果关系，并分离政府财务信息披露的“信号”动机和“监督”动机，丰富了任命制政体下公共受托责任理论的研究。

最后，我们试图检验政府财务信息披露对当地企业创业的影响。该部分以地级市政府首次公开政府财务信息为外生冲击，采用双重差分法观测政府财务信息披露对当地企业创业行为的影响。一般来说，地级市首次进行政府财务信息披露时，均会选择首先公开当年的政府预算信息，截至2017年，尚未发现地级市首次政府财务信息公开以披露决算信息为主。因而在该部分主要以地级市首次进行预算公开的时间点，作为政府首次进行财务信息披露的时点。研究发现，地方政府财务信息公开能够促进当地企业创业，且财务信息公开主要促进非国有企业创业数量增加。对创业企业所属行业进行划分后发现，财务信息公开主要促进第二产业（制造业）和第三产业（服务业）企业创业，对第一产业（农林牧渔业）企业创业未见显著影响。对创业企业规模进行区分后发现，财务信息公开主要促进中小企业的创业，对大型企业创业未见显著影响。该部分的设计能够检验地方政府财务信息披露行为与当地微观经济行为的影响，与已有文献主要观测市政债券利率与债券评级变化的视角不同，丰富了政府财务信息披露经济后果的研究。

1.1.2　研究意义

本书可能的理论贡献在于：

第一，尝试性地提出适用于中国制度背景，地方政府财务信息公开中披露质量评价指标，衡量地方政府财务信息披露质量，并探寻可能的影响因素和经济后果。已有文献关于政府财务信息披露质量的研究大多基于西方政府财务报告，较少有研究关注中国政府财务信息披露质量评价体系。仅有少量文献关注与评价了中国中央政府财务信息披露质量及其影响因素。有关地方政府（省级政府和地级市政府）财务信息披露质量衡量、评价与影响因素的研究，鲜有学者对其进行升入探讨。在中国政府大力推进地方政府财务信息公开改革的大背景下，我们尝试性地提出适用于中国特殊制度背景的政府财务信息披露质量评价指标，并探讨其可能的影响因素和经济后果，弥补已有文献在该部分的研究空白。

第二，通过分离强制披露信息与自愿披露信息，区分了国家规定与官员个人动机对地方政府信息披露决策的影响。西方国家地方政府财务信息披露决策主要受融资需求或官员晋升动机的影响，并非由联邦（中央）政府统一推动披露。但中国政府预决算公开改革，由中央政府自上而下统一推动，并且财政部制定颁布公开规则，地方政府遵照实施进行披露。这意味着，地方政府财务信息披露决策既受到中央改革意愿的影响，又受制于地方官员的个人动机。如何区分上述两者的影响成为中国地方政府财务信息披露决策研究的难题。为此，我们将地方政府严格对照财政部要求披露的内容视为强制披露信息，并将其量化得到强制披露质量，而将超过财政部要求的披露内容视为自愿披露信息，并将其量化得到自愿披露质量。创新性地分离了强制与自愿两种披露动机，进而区分了国家规定与地方官员个人动机对政府财务信息披露的影响。

第三，扩展了公共受托责任理论，完善了任命制体制下官员动机对政府财务信息披露影响因素的研究。已有文献大多基于西方直接选举制度和成熟市政债券市场，探讨官员选票最大化动机和债券评级对政府财务信息披露质量的影响。鲜有研究关注任命制体制下政府财务信息披露的影响因素。我们的研究能够将公共受托责任理论从西方选举政体扩展至任命制政体，并为该理论提供了更具普适性的解释。只要制度设计恰当，两种政体均能够激励地方官员的披露行为，进而有效提升政府财务信息披露质量。同时，我们还兼顾讨论了官员其他动机，包括官员任期内的经济业绩、造假动机、晋升动机和融资动机在地方政府财务信息披露策略中的影响。

第四，通过地方官员政治关系崩塌这一研究场景，识别了任命制政体下政府财务信息中的“三公”经费信息披露具备的“监督”效应。已有文献提出了政府财务信息披露的信号效应和监督效应假说。但基于选举制度背景的研究设计难以用于检验中国政府财务信息的披露效应。我们通过中共十八大后反腐行动导致省级官员落马，给市级官员带来关系崩塌这一外生冲击，研究城市“三公”经费信息披露质量在官员政治关系崩塌前后的变化。如果“三公”经费信息披露主要发挥信号效应，那么政治关系崩塌后，市长应该努力提升“三公”经费信息披露质量，以展现其执政清廉的形象。如果“三公”经费信息披露主要发挥监督效应，那么政治关系崩塌后，市长应该努力降低“三公”信息披露质量，以避免公众监督带来的进一步负面影响。研究发现，市长政治关系崩塌显著降低了当地政府的“三公”经费信息披露质量，支持了“三公”经费信息披露的监督效应假说。

第五，首次检验了任命制体制下地方政府财务信息公开对当地经济活动产生的影响，完善了任命制体制下政府财务信息披露的后果研究。已有文献在探讨政府财务信息披露的经济后果时，通常基于选举制度背景或债券市场背景，检验政府财务信息披露对选举和债券利率、评级的影响。我们通过地方政府首次公开政府财务信息作为外生冲击，实证检验发现政府财务信息披露能够促进当地企业创业活动。从政府财务信息披露这一全新视角，识别了政府行为对当地创业活动的影响，丰富和补充了创业影响的文献研究。也从创业活动的角度，发现了政府财务信息披露对微观企业行为的影响。

本书可能的现实意义在于：

第一，有助于科学评价中国政府预决算公开改革的成效。首先，我们通过构建政府财务信息披露质量衡量指标，将预决算信息披露质量进行量化，能够对不同政府财务信息披露质量高低进行衡量，进一步评价中国政府预决算信息公开改革的成效。其次，通过分析政府财务信息公开后的经济后果，探讨政府财务信息公开带来的社会经济影响。

第二，通过探究地方政府财务信息披露的影响因素，有助于决策制定部门尽快确定相关的“政府财务信息披露规范”，从制度设计中有效激励地方官员提升信息披露质量，并引导公众和审计监督机构等信息使用者识别政府财务信息的披露质量，便于其作出科学决策。

1.2 研究综述

1.2.1 国内外研究动态

1.2.1.1 政府财务信息披露影响因素

（1）官员个人动机

民选官员连任动机的影响包括两方面：一是正向影响。民选官员为了再次当选、体现自身管理能力、满足选民需要的动机，有意愿提高政府财务信息披露质量，且政治竞争程度越高，其提升信息披露质量的动机越强。Niskanen（1975）认为民选官员需要充分的信息披露来抵消官僚阶层的信息优势，并且设立的预算线和纳税水平应当满足选民需求，从而缩减官僚的弹性预算。Ingram（1984）认为选举竞争程度越激烈，选民对信息的监管和需求也越大，民选官员为了满足选民对信息的需要从而提升信息披露水平。Barber和Sen（1984）表明当面对选举竞争时，在职的民选官员更容易受到政治竞争对手的指控，因此增加了进行自我监管的动机，即通过使用更规范的信息披露方法（如采用GAAP）来证明自己的有效管理能力。二是负向影响。也有研究认为民选官员会通过会计选择等手段来掩盖赤字，操纵政府财务报告，以实现再次当选，降低政府信息披露质量。

Larkey 和 Smith（1989）认为，基于未来收入和支出的不确定性，民选官员有“操纵”政府财务报告的动机。负责预算的官员通常系统性地低估收入。Chen 和 Kido（2012）认为选举结果会受到州财务表现的影响，民选官员有动机进行会计操纵，以呈现出总体健康的州财务环境，进而提升选民好感度。

官僚阶层个人效用最大化动机。官僚出于增加预算从而提升个人利益的动机，倾向于采用财政幻觉等手段隐藏或阻碍财务信息披露（Niskanen，1971；Girous，2006）。官僚阶层是由民选官员所聘任的行政代表，Niskanen（1975）认为官员更多出自最大化官僚阶层利益的目的，而非为选民或者政客的利益着想，其作为公共物品和服务的垄断生产者，有隐藏财务信息的动机，从而使得市议会无从判断预算的真实性，实现预算最大化，提升自己的声誉、收入以及职权。官僚相对于其他政治参与者来说具有信息优势并有不披露的充足动机。Wagner（1976）的研究表明，官僚采用复杂的收入结构，包含了很多不可见的收入来源，使得选民正确获取财务信息的成本升高。Girous（2006）认为官员倾向于使用财政幻觉等策略来误导民众，其在实证检验中使用简单指数来衡量收入复杂度，该指标可以衡量官僚所营造的财政幻觉程度，当收入越复杂时，对公共产品和服务的定价就越发困难，检验结果发现，当收入信息披露的复杂度越高，信息的披露水平相对越低。

政府雇员薪酬、福利最大化动机。Craswell（1975）认为，能够获得额外福利的政府雇员有更大动机获取信息。政府雇员工资越高，越有动机对政府财务信息披露起到监督和提升作用（Borcherding 和 Deacon，1972）。Baber 和 Sen（1984）运用州全职政府员工的平均报酬与是否采取 GAAFR 基金报告规定进行回归，结果发现当政府员工工资越高时，越倾向于采取标准报告法。随着官员薪酬的增长，其有动机提高政府信息披露水平（Ingram，1984；Evans 和 Patton，1987）。Ingram（1984）研究表明，当州长和会计、审计行政人员的薪酬水平更高时，该州披露的报告中符合 GAAP 标准的披露会更多。Evans 和 Patton（1987）研究发现，当该城市的 CFO 薪酬水平越高时，越有可能参与 CCP（市政财务人员认证的一致性项目）。

政府雇员的执业素养与教育水平。已有文献通常使用政府雇员（包括稽核员、审计师、会计人员等）是否拥有CPA来衡量其执业素养与教育水平，更高的教育水平意味着其监管能力和动机更强，从而披露水平更高。Evans和Patton（1987）认为官员的信号动机会影响到政府的会计实践，而官员受教育水平越高时，可以认为其管理质量越好，因而信号动机越大，更愿意通过披露更高质量财务报告来传达信号。Carpenter（2004）认为虽然政府审计师没有权利决定采取什么会计方法，但他们可以通过出具审计报告来间接影响GAAP的应用程度。因此，州审计师的职业背景（是否持有CPA）仍会对州政府是否提供GAAP报告产生影响。

（2）政府内部治理结构

良好的政府治理结构将更有利于政府充分披露会计信息。美国地方政府分为议会经理制（Council-manager Form）和市长议会制（Mayor-council Form）。与市长议会制相比，议会经理制能较好地解决委托代理关系中的委托人缺位问题，有效降低代理成本，从而更有利于政府会计信息披露。Zimmerman（1977）认为在实行议会经理制的城市中，议会监督经理的动机更为强烈，为降低代理监督成本，经理有动机提供更为详细的财务报告。T检验结果发现，实行议会经理制城市的财务报告在长度和内容上均超过了市长议会制城市的财务报告。Evans（1983、1987）发现实行议会经理制的城市比市长议会制的城市更可能加入“CCP”（CCP类似于GAAP，是一项完全自愿参加的项目，市政府通过提交其综合年度财务报告，并由MFOA选出来的裁判委员会进行浏览，符合MFOA标准的，便可以申请到该资格）。Robbins和Austin（1986）也发现实行议会经理制城市的会计信息披露质量高于实行市长议会制城市的会计信息披露质量。Giroux（2003）以1983年和1996年美国大城市为研究样本，研究发现1983年和1996年议会经理制城市的会计信息披露均优于市长议会制城市的会计信息披露。Vermer和Styles（2009）使用宾夕法尼亚州和密歇根州233个地方政府退休金数据，检验地方政府是否达到GASB No. 27号准则，研究结果表明在议会经理制度下聘任官员比市长议会制度下选举官员的披露水平更高。

（3）政府外部治理环境

利益团体或政党的政治竞争动机。Carpenter（1991）在其研究中认为无论是利益团体竞争还是议会竞争，当竞争程度越高时，会暴露出先前采用的预算基准有偏或者存在会计操纵问题，引起民众对政府财务报告的困惑，使得政府失去公信力，从而迫使其采取 GAAP 披露方法。Ríos 等（2013）发现较高的政治竞争导致互联网上更多的预算披露，这表明当临近选举时，互联网是向选民信息披露的最有效的机制。

居民压力的影响——居民受高等教育程度。Ingram（1984）发现受过高等教育的居民相对没有受过高等教育的居民更加关心政府的行为，会要求政府公开更多的信息以便更好地参政议政，政府来自受过高等教育居民的公开信息的压力会比来自没有受过高等教育居民的压力要大很多。Chaudhuri 等（2005）则发现受过高等教育的人们会有更大的意愿去使用计算机，即教育水平越高的地区网络接入率越高。总体来说，Evans 和 Yen（2005）认为居民接受较高程度的教育会影响自身计算机技能，进而影响电子政务的发展进程。Francesca 等（2016）的研究结果证明，公民受高等教育程度可以推动财政透明度向更好方向发展。肖鹏和阎川（2013）以及何玉和杜威（2012）都通过一系列实证研究证明，在中国背景下居民的受教育程度显著影响政府信息披露水平。但在 Carmen 等（2008）的研究中却发现居民的教育水平与信息披露水平之间并无显著关系。

居民压力的影响——居民收入。一般来说，收入更高的居民会有更多的钱和时间来参政议政，对政府信息公开的高需求也会推动财政透明度的提高。Ingram（1984）与 Giroux 和 McLelland（2003）都发现人均收入较高的城市对问责的要求更高。Ingram（1984）发现，政府财务信息披露质量和居民人均收入显著正相关。Giroux 和 McLelland（2003）发现，对于 1996 年地方政府样本，政府财务信息披露质量和居民人均收入两者显著正相关，但是在 1983 年的地方政府样本中未发现两者的显著关系。Styles 和 Tennyson（2007）以美国 300 个地方政府网站作为样本，考察政府财务透明度的影响因素，结果显示收入水平较高的城市将有更高水平的公民政治监督水平和更多的信息需求，促使政府更高水平地披露信息。何玉和杜威（2012）也通过研究发现了人均收入与信息披露水平存在正相关关系。肖鹏和阎川（2013）发现城镇居民一般掌握着更多的信息，他们的交流方式也更多样化，因此他们的权利意识会更高，相对于乡村居民更有可能也更有能力去行使他们的权利，即参政议政。

居民压力的影响——居民互联网运用程度。互联网渗透率决定了中央政府的预算披露（Ríos等，2013）。肖鹏和闫川（2013）认为互联网的发展让居民更有可能参政议政，由于互联网的匿名性、互动性和方便性，互联网用户更有可能关注并参与到政治事件中来，推动政府公开信息。Cuny（2016）研究发现，当美国自我管制机构MSRB开通了一个持续性的在线服务系统（EMMA）后，政府信息披露有了一个相对成本较低的网络渠道，此后政府信息披露水平上升。但对于那些拥有其他较低成本传播渠道的规模较大的政府，在EMMA系统开通后，信息披露水平没有显著上升。

居民压力的影响——居民失业率。Guillamon等（2011）指出，信息透明度较低的城市失业率较高，即失业率与信息披露存在负相关关系。由于社会和人力资源的不足，没有就业机会可能会对信息披露造成不利影响。与此相反，Navarro等（2011）表明，失业率较高的城市显示了更多的社会需求，因此对政府信息披露的压力更大，政府更有动机披露相关信息。但Isabel等（2013）通过研究未发现失业率与政府信息披露水平之间存在显著关系。

（4）政府的财政财务状况

债务和结余占GDP比重越大，政府对经济的影响就越重要。因此，社会对较高的预算透明度需求会更大（Benito和Bastida，2009）。关于负债与政府财务信息披露，Ingram（1984）的结果中没有发现两者存在显著关系。Evans和Patton（1987）、Robbins和Austin（1986）以及Gore（2004）研究发现，高负债水平的政府会自愿披露信息，债务规模和自愿信息披露之间存在正相关关系。如果债务增加，政治家们可以利用多种媒体披露信息，以此向债权人展示他们履行义务的能力。通过这种方式，互联网很可能成为披露信息的有效手段，因为它可以帮助债权人以简单而经常的方式监督政府的活动（Debreceny等，2002）。以往的实证研究发现，地方政府的债务与互联网上的财务信息披露之间存在着积极而显著的关系（Laswad等，2005）。

预算盈余也会影响政府财务信息披露程度（Ríos等，2013）。一方面，赤字与盈余有助于提升政府财务信息披露质量。Alt等（2006）认为，更高的赤字和更高的盈余都有助于提高财政透明度。赤字对财政透明度的正面影响可以解释为，在经济低迷时期，政治家们需要沟通，解释和证明他们的行为是正确的。另一方面，收支状况不佳也可能降低政府财务信息披露质量。Cuny（2016）研究发现官员处于政治竞选的动机，在市政收支状况较差的年度（即y年收入低于y-1年，z年支出高于z-1年，则定义y年和z年为收支较差的市政年度），官员会降低政府财务信息披露的程度，避免投票者将较差的经济形势归因于官员。

此外，根据代理理论，更大规模的政府和公民之间存在更大的信息不对称。这些较大规模的政府将面临更高的选民要求，利益冲突的可能性更大，披露信息的优势也相应增加（Cinca等，2009）。因此，人口越多，政府通过互联网和其他媒体披露的预算信息越多（Ríos等，2013）。

1.2.1.2 政府财务信息披露的政治经济后果

（1）对债券评级的影响

Copeland和Ingram（1982）检验了市政债券评级的变化和会计信息之间的关系，没有发现市政会计指标在预测评级变化中的有用性，但发现评级变化后的会计指标能反映导致评级变化的状况。Wescott（1984）利用聚类分析法检验社会经济变量和财务会计变量是否有效地预测市政债券评级，但并没有发现这两者之间存在显著关系。但这两个研究都仅仅是进行预测性分析，没有进行回归，也没有解决内生性问题，所以实际上并没有研究清楚两者之间的关系。

随后，部分学者认为债券评级中存在其他干扰因素，例如，债券评级还受到债券担保人的信用影响，后续的学者研究了政府财务信息披露与债务评级之间的关系。Plummer等（2007）以美国得克萨斯州的530个学区作为研究样本，检验了美国政府会计准则第34号公告颁布后的新型政府财务报表是否为债务评级提供了有用信息。他们发现根据第34号公告编制的政府净资产表为评价债务评级提供了有用信息，但根据第34号公告编制的政府运营表并没有为评价债务评级提供有用信息。Pridgen和Wilder（2013）进一步拓展了Plummer等（2007）的研究，发现信息披露程度与债务评级之间存在正相关关系。Christopher和Jennifer（2017）研究发现财务报告信息披露不及时（包括审计延迟和审计后延迟）意味着财务信息披露质量较低，会导致更低的债券评级。

（2）对债务融资成本的影响

当发行债券时，地方政治家将面临信贷市场的成本。也就是说，债权人有动机在债务定价中包含违约风险。如果地方政府消除了诸如利用债务收益来弥补预算等其他不良的行为，则违约风险就会降低（Ingram，1987）。Feroz 和 Wilson（1992）研究发现相比于全国市场，地方债券市场市政财务信息披露与债券利率成本之间的关系更加密切。Baber 和 Gore（2008）的研究结果显示，在法规生效之后，符合 GAAP 要求的州中，其市政府实现了较低的债务成本。这些结果表明，美国通用会计准则要求减少了市政债券的融资成本。一般来说，财务报告监管降低了借款人和贷款人之间的信息成本。Baber 等（2013）发现市政债券成本与财务报告重述之间存在紧密关系。文章发现，在财务重述后，市政债券的融资成本更大。在比较市政债三个不同类别的用途后，证实了财务报表重述增加市政债券的债务融资成本。进一步分析表明，通过强有力的审计监督和鼓励选民直接参与政府治理条款，可以减轻财务报表重述对债券融资成本的负向影响。Cuny（2016）借助四大担保公司之一的安巴克破产这一事件，研究信贷风险与政府信息披露水平的影响。文章认为在资本市场，降低融资成本主要依靠信用担保和债券信息披露这两个渠道，而以安巴克破产为代表的信贷机构行业倒闭时，市政债券发行人只能依靠债券信息披露来降低信息不对称，从而降低融资成本。因此，当信贷风险上升且政府没有其他可替代的渠道降低融资成本时，政府会采用提高政府财务信息披露的方式来降低融资成本。Christopher 和 Jennifer（2017）研究发现财务报告信息披露不及时（包括审计延迟和审计后延迟）意味着财务信息披露质量较低，会导致更高的债务融资成本。

（3）对选举的影响

Robert、Ingram 和 Ronald（1981）在控制城市的某些社会人口特征后发现，会计指标可能是影响市长选举结果的有效因素，研究结果支持市政会计指标能够提供用于投票决策的信息。面临选举时，会计信息可以向选民传达对量化政策效果有用的信息。Reining 等（2012）认为财务报表能够作为公众评估民选官员，比如州长工作效率和成效的工具。因为公众监督在选举期间最为激烈，政府财务报告过程的产出很可能会影响到公众的选票。Laurence（2012）专门研究了政府财务信息披露对选民投票行为的影响。首先，透明度能够帮助选民筛选出不同类型的在职人员（例如，正直的政客或自私自利的政客）；其次，透明度有助于选民观察政客们的行动，防止政治家寻租。

1.2.2 对已有研究成果评述

现有西方研究已经初步勾勒出了政府财务信息披露研究的逻辑脉络，其中，财务信息披露质量的影响因素包括四大方面，即官员个人动机、政府内部治理结构、政府外部治理环境、政府财政财务状况；财务信息披露的政治经济后果主要表现在债务融资成本、债券评级与选举行为三个方面。但已有文献的研究结论并不能直接用于分析中国政府财务信息披露质量、影响因素及后果，原因有以下两点：

一是研究对象的差异。西方文献主要以西方政府财务报告为基础制定衡量标准，中国政府会计尚未完全完成改革，并未全面公开政府综合财务报告，现阶段仍以预决算信息为主要的公开对象。预决算信息在核算内容、披露主体、信息供求机制等方面均与西方国家存在较大差异，直接运用已有文献对披露质量进行衡量的方式难以直接度量中国政府财务信息披露质量。因此，有必要根据中国政府财务信息披露的内容和方式，设计出适用于中国特殊制度背景下的财务信息披露质量评价标准，以此来衡量地方政府信息披露程度的高低，这也是探究政府财务信息披露的影响因素以及其经济后果的基础。

二是制度环境的差异。已有文献主要是依托西方政治制度，特别是三权分立与联邦制政府架构形成的政治竞争环境，以及成熟的市政债券市场进行研究。中国地方政府及其官员所处的制度背景，如一党执政、中央集权、官员晋升锦标赛等制度均不同于西方国家。此外，不同于西方国家地方政府出于选举动机或融资动机自愿披露财务信息，中国地方政府的预决算公开改革是由中央政府统一部署，并自上而下强制推行的。制度环境对官员财务信息披露动机的影响也存在差异。

同时，在影响因素研究方面，中国地方政府主政官员提升政府财务信息公开质量的影响因素与西方国家政府官员不同。中国政府预决算信息公开改革是由中央政府自上而下强制部署的，各地方政府最终均需要将政府财务信息公布于众，但公开时间、公开内容详尽程度和公开数据的可理解性可能存在差异。此外，财政部针对地方政府预决算信息公开发布了一系列指引规程，对公开的内容和时间均制定了统一的最低强制披露标准。地方政府在财务信息公开中均需遵循最低强制披露标准。但有一些地方政府在最低强制标准的基础上，主动公开了更多没有规定要求强制披露的信息和说明，对资金花费做出额外的解释说明，或采用图表等易于理解的方式进行报告，帮助公众更好地理解政府财务信息。基于此，我们在后续的研究设计中，以西方已有研究为基础，结合中国预决算信息公开改革的特殊背景，通过指标设计和实证模型设定，将区分地方官员财务信息公开的强制披露动机与自愿披露动机，分别分析两者受影响的因素。

1.3 研究思路与论文框架

1.3.1 研究思路

一是理论分析。我们将梳理政府财务信息披露的相关文献，特别关注其中有关政府财务信息披露质量的衡量方式与影响因素方面的文献。从公共受托责任理论入手，在系统分析中国的政治制度背景、政府治理机制、预决算公开相关规范的基础上，借鉴西方文献的研究经验，提出符合中国制度背景的政府财务信息披露理论框架。并在此基础上，构建适用于地方政府预决算公开改革的财务信息披露质量评分体系。

二是指标构建与赋值。构建符合中国地方政府财务信息公开制度背景的质量评价指标体系是我们研究的前提条件。在赋值过程中，尽可能采用0和1方式进行赋值。我们将逐条对照财政部发布的地方政府预决算公开规范，设计强制性披露质量指标，判断地方政府预决算报告相应内容的是否披露，对披露项目赋值1，未披露项目赋值0，以此缓解主观选择权重对结果的影响。此外，为了体现地方政府在规定要求之外，额外披露更多信息的披露行为，我们针对地方政府预决算公开中的超额披露部分，设计了自愿性披露质量指标。

三是大样本分析。大样本实证研究是实现我们研究目标的基础。该方法将用于检验地方官员动机对政府财务信息披露质量的影响，以及政府财务信息披露的经济后果。第3章、第4章和第5章的核心内容，均采用实证研究方法。在大样本实证研究的过程中，为了缓解可能存在互为因果和遗漏变量的内生性问题，我们将在控制地区和时间固定效应的基础上，尽量选择合适的与外生冲击，运用准自然实验法进行DID分析。此外，在研究设计中，如果缺乏合适的外生政策冲击，我们也会采用工具变量法（IV）尽量缓解内生性问题。

四是理论归纳。对中国自上而下推行的政府预决算信息公开改革效应进行政策评价，并提出地方政府财务公开制度优化的政策建议，帮助政府制定科学合理的政府财务公开质量评价规则，激励地方官员的财务信息公开意愿。

1.3.2 可能的创新点

一是数据的创新。我们借鉴已有文献中政府财务信息披露质量的衡量方式与财政部预决算公开指导规程，科学综合地量化了中国地方政府财务信息披露质量。量化过程中综合考虑地方政府披露的预算报告、决算报告、相关附表及特殊说明，结合会计信息质量特征，从完整性、可比性、可理解性等方面分别赋值对披露质量进行量化。在赋值时，我们对除字符数与图表数以外的全部信息，均采用二分法（0和1）进行计分，避免了人为赋予权重可能对分值产生的不合理性。

二是理论的创新。西方文献在探讨政府财务信息披露质量及其影响因素时，均以直接选举、多党执政的政治主题为制度背景展开研究。这些研究将政府的财务信息披露动机主要分为选票最大化动机与融资动机。我们以中国政府自上而下的预决算公开改革为研究场景，结合中国中央集权和地方官员晋升锦标赛的制度背景，探讨在任命制体制及缺乏成熟市政债券市场时，地方政府执政官员的财务信息披露动机及其影响因素，弥补西方文献的不足。

三是研究结论运用的创新。首先，研究结论可用于评价中国政府自上而下推行的预决算公开改革成效。通过对地方政府财务信息披露进行量化，我们能够科学衡量不同地方政府财务信息披露程度的高低，进而评价地方政府在中央预决算改革过程中的执行程度。其次，探究地方政府财务信息披露的影响因素，有助于决策制定部门尽快确定相关的“政府财务信息披露规范”，从制度设计中有效激励地方官员提升信息披露质量，并引导公众和审计监督机构等信息使用者识别政府财务信息的披露质量，便于其作出科学决策。

1.3.3　研究框架

基于西方国家制度背景的上述研究都将直接选举制度和成熟市政债券市场作为研究公共受托责任的前提。但在任命制体制和不成熟市政债券市场背景下，受托责任的履行如何影响政府财务信息披露质量，还缺乏相应研究。在已有西方信息披露质量衡量的文献基础上和政府预决算信息公开改革的大背景下，我们结合中国制度背景与相关披露政策规定，设定政府财务信息披露质量的衡量标准，试图采取科学合理的方式量化政府财务信息披露质量，并以此来科学评价政府财务信息的公开效果，进一步分析官员动机和其他治理机制对信息披露质量的影响以及政府财务信息披露的经济后果。

政府的行为实际上是官员动机的具体体现，想要探究政府财务信息披露的影响因素，就应当从官员动机入手。晋升是中国官员任职期间最重要的动机，因此我们首先从官员晋升动机入手，考察官员晋升动机对政府财务信息披露质量的影响。其次，为了解决直接观测官员晋升动机对政府财务披露质量的影响中可能存在的内生性影响，我们也选择了一个合适的外生冲击，考察当政府官员纵向政治关系破裂，晋升机会受到影响，并同时可能面临问责压力时，官员会作出什么样的信息披露决策。最后，我们选择辖区内企业创业视角，考察政府财务信息披露可能产生的经济后果。为验证以上逻辑，本书设计如下逻辑框架见图1-1，并进行分析。

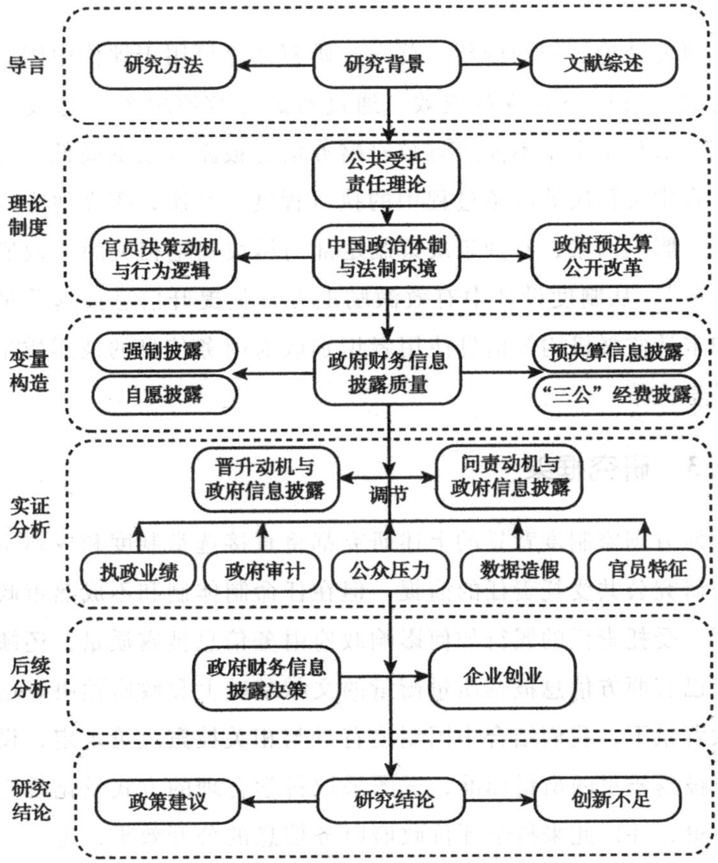
导言
研究方法
研究背景
文献综述
理论
制度
公共受托
责任理论
官员决策动机
与行为逻辑
中国政治体制
与法制环境
政府预决算
公开改革
变量
构造
强制披露
自愿披露
政府财务信息
披露质量
预决算信息披露
"三公"经费披露
实证
分析
晋升动机与
政府信息披露
调节
问责动机与
政府信息披露
执政业绩
政府审计
公众压力
数据造假
官员特征
后续
分析
政府财务信息
披露决策
企业创业
研究
结论
政策建议
研究结论
创新不足

图1-1　本书研究框架

第2章
理论与制度背景

2.1 公共受托责任

公共受托责任是存在于公共领域特殊形式的受托责任，它是政府使国民确信其活动与产出符合预定目标与规范的一系列方法、机制与程序的集合（Hopwood，1984）。按照公共受托责任理论，政府作为受托方，首先需要能够“说清楚”或“算清楚”，然后在此基础上解释“必要性”（Schedler，1999）。政府按照会计制度与准则进行核算并对外披露财务信息，仅仅是履行公共受托责任程序中“说清楚”的第一步，也是实现财务问责的前提条件。

政府作为一个组织主体，具有经济人的机会主义特征，在没有外部监督的情况下，政府可能会出于自利考虑有偏地进行财务信息披露，误导社会公众等财务信息使用者。而政府财务报告审计则是确保政府及其部门如实、公允地反映其活动与产出，充分履行其公共受托责任的关键步骤。政府财务报告及其审计报告需在经过严格的审查授权后方可向受托责任人包括政府其他机构、社会公众、政府债券持有人公开（洪学智和邓盼，2016）。首先，政府上级主管部门出于对下级机构的监管责任，应加强对政府部门财务报告的审计和下级政府综合财务报告审计，以评价部门和政府受托责任的履行情况（刘昱彤和王虹，2017）。其次，政府有义务向社会公众披露政府的财务信息，降低与公众的信息不对称（尹启华，2017），接受社会监督。最后，利益相关方，即社会民主党派、政府债券的债权人、外资企业纳税人等，有需求且有权利了解政府财务资源使用状况。

2.1.1 公共受托责任与信息披露

受托责任是一种特殊形式的责任（Responsibility），它存在于各种委托代理关系中，只有在特定主体接受其他主体授权时才会产生。在所有权和经营权分离情况下，如何有效地约束受托方，按照委托方的要求遵守相关合约，实现财产的保值增值成为委托代理关系中的核心问题。为了避免受托方在经营活动中损害委托方的利益，受托责任强调受托方需要对委托方进行信息披露。因此，受托责任表现为一种对所负责的行为活动提交账目数据的义务、要求或责任（Gray 等，1987）。Gray 和 Jenkins（1986）在受托责任定义中也认为，受托责任是一种报告义务，它要求受托方向委托方报告授权事项的具体情况。

受托责任广泛存在于资本市场与政治市场。企业管理者和政府均需要承担资源的受托管理责任，但两者的受托责任有所不同。企业的受托责任产生于财产经营权与所有权的分离（葛家澍，1996）。在资本市场中，投资者将财富委托给公司的经营者打理，试图获取财富的增值。经营者在履行其受托责任的过程中，需积极向投资者披露反映公司经营全貌的财务状况、经营成果与现金流量等信息。投资者通过阅读企业会计系统提供的资产负债表、利润表与现金流量表，能够满足其对公司上述信息的需求，并作出追加投资或减少投资的决策。对管理层的受托责任评价相对较为容易，股东和债权人可以直接依据评价企业经营业绩的财务指标，对管理层的受托责任履行情况进行评估。与企业经营业绩有关的财务指标均会在企业年度财务报告中反应（Boyd，1991），管理层通过提供企业财务报告解除其受托责任。基于受托责任观的会计目标也认为，财务报告最基本的目标就是向有信息需求的利益相关者传递有关信息，并以此解除受托责任。经营者为了吸引投资者追加投资，除努力提升公司业绩外，还必须向投资者披露可靠且相关的会计信息，并不断提高会计信息的质量，优化会计信息的内容与结构。资本市场越成熟，市场参与者对会计信息的要求就越高（张琦，2006）。最终，在投资者与经营者的供求博弈过程中，会计信息的质量与内容将通过会计准则的形式进行约定，并随着资本市场中供求关系的变化而不断完善。

公共受托责任是存在于公共领域中的一种特殊形式的受托责任，它源于民主社会制度的建立（Boyne 和 Williams，2003），是政府使国民确信其活动与产出符合预定目标与规范的一系列方法、机制与程序的集合（Hopwood，1984）。从字面上可理解为因公共权力与公共资源的委托而承担的受托责任。社会公众是公共资金和资源的所有者，享有对公共资金和资源的所有权、使用权和收益权。作为委托方，公众授权政府行使公共权力，将公共资源与公共权力委托政府管理与实施。政府官员作为政府的经营者接受社会公众委托，管理和使用公共财产，分配社会公共资源并提供公共产品和服务。在该委托代理关系下，社会公众有权利知晓公共财产和资源的使用，了解受托责任的履行情况，政府也有义务向委托方的社会公众报告政府管理公共资源，实施公共权力的过程与结果信息，解除受托责任。公众通过阅读与分析政府披露的各种报告，作出支持或者反对现任政府的决策，并通过政府更替实施对政府的影响。美国审计总署（Government Accountability Office，GAO）也将公共责任定义为受托管理并有权使用公共资源的机构向社会公众说明其全部活动情况的义务。

从上述分析看，当公众作为委托方将公共资金和权力委托给代理人政府进行管理和使用时，作为受托人的政府就承担了包括行为和报告两个层面的受托责任（Gray，1996）。从行为方面看，政府在公共资源的取得、使用和管理，以及公共权力的行使过程中，需要遵守相关的法律法规、预算规定或其他相应协议。同时，政府受托行为产生的结果与成本耗费之间还应当符合经济性、效率性和效果性（陆军伟，2006），即政府应当高效、透明地使用公共资源和公共资金，增加社会公众福利。

2.1.2　政府财务信息披露与相关使用者

政府财务信息有两大主要用途：一是解除公共受托责任；二是为政府的利益相关者提供决策有用信息（张琦，2005）。政府开展所有社会公众活动都需要使用资金，通过对政府资金花费的过程进行记录和报告，公众就能了解政府公共权力和公共资金的使用情况。政府财务信息按照相关规章制度，通过特定的会计确认、计量、记录和报告方式，全面核算政府在预算执行过程中所发生的全部交易事项及其活动结果，最终反映公共权力和公共资源的使用情况。政府财务信息就能够从公共受托责任视角出发，反映政府履行各种职能活动的情况并解除公共受托责任，同时也能为其他利益相关者提供决策信息，提升政府透明度。

相比西方国家选民与政治家之间的受托责任关系，中国公共部门的受托责任关系较为复杂，授权与被授权关系具有复杂的层级结构，具体表现为以下两个方面：首先，在整体的授权关系中，全体公众授权中央政府管理国家，中央政府作为最终的受托方，接受公众委托管理和使用国家公共资金和公共资源。其次，中央政府授权下级政府管理不同地区。地方政府接受中央政府委托，管理和运行地方国有资产和公共资源，并接受监督履行受托责任。在该复杂的层级受托关系中，不同类型的授权方信息需求与信息获取的能力存在差异。

（1）政府外部信息使用者。外部信息使用者主要指普通公众，公众对政府财务信息具有两方面的信息需求（张琦，2007）。政府作为公共资源的使用者，与公共资源的拥有者民众之间有着天然的信息不对称性（孙琳，2015）。一方面，公众作为资源的最终所有者，与政府之间存在委托代理关系。政府对人民负有财务受托责任（李建发和张国清，2015）。受托政府管理的公共资产的保值增值、消耗情况与公共债务的规模、风险等都属于财务信息，需要通过政府财务报告予以公开披露，使社会公众能够了解各级政府的财务状况、运营结果和运营效率的财务信息，分析财政可持续性，评价政府运行绩效，决定是否可以解除政府的财务受托责任（Chow 等，2007；李建发和张国清，2015）。另一方面，公众也是政府服务和产品的购买者，他们向政府缴纳相应税款，与政府之间形成了一种特殊的供求关系（Ryan，2001）。作为公共产品的购买者，他们的信息获取能力有限，并且信息甄别能力较差，对政府公开信息（如政府财务报告）的依赖程度极高（张琦，2007）。

（2）政府内部信息使用者。政府内部信息使用者主要包括上级机构和同级立法机构与审计部门等。内部信息使用者有较强的信息获取能力，可以通过内部报告或者直接检查管理业绩的方式，获取有关下级政府运行的有关信息，对其授权事项履行情况进行判断。各级政府的财政部门负责编报本级政府的财政会计信息，审计部门对政府财政会计信息进行监督审计，他们是政府财务信息的使用者也是监督者，更是上级政府了解下级政府会计信息的通道。

综上，公共受托责任要求政府向公民作出反馈，以证实公共资源的取得及其使用目的是正当的（GASB，1987）。在公共受托责任的履行过程中，政府会计和财务报告制度回答了“政府应该如何反馈”的问题；而政府财务报告审计制度则需要回答“如何判断政府进行的反馈是真实、完整的”。政府财务报告审计可以独立、公正地评价公共受托责任的履行情况，揭露其中存在的差错、舞弊、玩忽职守等问题，并将这些问题传递给公共财产和权力的委托方（社会公众及其他政府利益相关者）。近年来，中国政府公共受托责任的内涵逐步发生了变化。委托方的信息需求由关注政府公共收入与公共支出信息，强调收支行为的合规性，逐渐转化为关注政府财务状况与风险等信息，强调收支结果的绩效性。

2.2　官员决策动机与披露逻辑

2.2.1　官员决策动机

政府是一个抽象的黑箱，其所表现出来的各种特征其实是作为实体的官员动机体现（王贤彬和徐现祥，2008；钱先航等，2011；韩超等，2016）。这意味着，政府最终表现出的行为决策实质上是官员多重效用博弈后的个人行为。想要分析政府的行为决策，首先需要从官员的决策动机上进行分析。

获得政治晋升是中国官员最主要的决策动机。政治晋升能够为官员带来更多财富、更高的社会地位和更大的政治权利。上级政府在对地方官员的治理上拥有绝对的话语权，能够直接决定地方官员的调动与任免。中国存在一种被称为“政绩观”的考核标准，即具有良好经济绩效的地方官员会有更大的机会得到晋升（Li 和 Zhou，2005）。中央政府为众多地方官员提供了类似的晋升激励，但不同地区的巨大经济差异可能源于地方官员的个体差异，其中包括地方官员的能力和个人效用目标。官员的能力和效用目标通常受其个人特征以及已有的经历，如官员的年龄、任期、教育水平、官员更替、工作经历以及政治关系等因素的影响。

（1）官员年龄

官员在选拔上存在年龄约束，不同年龄段的官员，其个人效用对晋升的影响存在差异（姚洋和张牧扬，2013），官员在上任初期就会对自己的职业规划有一个初步估计，相对年轻的官员有动力追求良好政绩（王贤彬等，2009）。随着上任年龄越大，受官员年龄与对应职位的约束，官员上任想要获得晋升的期望会更加迫切。但上任年龄大到一定程度后，官员该任期卸任后将面临退休，无法再获得晋升机会，晋升激励可能会下降（韩超等，2016）。总体而言，官员晋升激励会随着上任年龄呈现出先升后降的趋势，即官员上任年龄与其行为决策可能存在着一个非线性关系。

（2）官员任期

任期是中央政府治理地方事务的重要手段，任期的长短会影响地方官员的工作积极性（张军与高远，2007）。任期过短，官员会预期长期业绩难以得到体现，可能采取急功近利的做法；任期过长，官员则会预期自己获得晋升的概率较小，从而降低工作积极性。因此，任期与官员的个人意识和效用目标密切相关，从任期视角探讨官员行为应该已经成为研究中的一种共识（钱先航等，2011；曹春方等，2014；刘胜和顾乃华，2015；张先锋等，2015）。张军和高远（2007）、王贤彬和徐现祥（2008）都发现地方政府官员任期与经济增长之间存在“倒 U”形关系。

（3）官员更替

每一次官员更替均涉及一位旧官员的离任和一位新官员的上任，考察更替与官员行为决策的联系需要同时研究两位不同的官员以及他们各自的效用目标。官员更替对官员行为决策的影响，实际上是旧官员任期最后一年和新官员上任首年的行为决策。即将离任的旧官员可能已经提前知晓了自己的调动，在任期最后一年无论其努力或不努力，均不会改变他的去向。旧官员可以选择不努力或者不冒险，缺乏政治激励（张尔升，2010）。新上任的官员需要一定的时间适应新的职位和新的工作环境，同时有动机去实施差异化策略，推行更加不同的政策（张尔升，2010），希望做出新的成绩和相比前任更突出的业绩。为此，新上任的官员更可能受晋升动机的影响。在官员更替的研究中，旧官员任期最后一年与新官员上任首年的行为决策，通常还需要结合官员的其他特征进行考察。

（4）教育水平

在官员特征中，最重要的就是官员的个人能力。教育水平对个人能力的影响非常重大。具有较高教育程度和专业任职经验的官员，在任期间能够更好地推进当地经济改革，取得更好的经济业绩（Dreher 等，2009）。跨国研究的结果也发现，官员的教育程度会对经济增长产生影响，具有较高教育程度的官员离职以后，当地的经济增长率会出现更大程度的下降（Besley 等，2011）。这些研究结果都表明能力更强的官员能够取得更好的业绩。

（5）官员来源类别

官员来源代表着官员个体在经历和经验上的差异。官员来源主要分为本地晋升、外地晋升、平调和中央调任。中央调任的官员相比其他官员更有可能与中央保持着良好的关系，该关系有利于官员晋升以及处理地方政府与中央政府之间的一些事务。在同等经济业绩考核机制下，中央任职过的官员即使经济业绩相对较低，也有较高概率的晋升机会（王贤彬与徐现祥，2008）。主要原因是，具有中央任职经历的官员大多和中央部委存在一些联系，派任至地方只是出于考察或积累地方经验的目的，为此，中央工作经历有助于地方官员的晋升（陈刚和李树，2012）。相比于外省晋升或中央调任类型的省级领导，本省直接晋升的省级领导会提供更多的教育、健康等公共物品；而中央调任类型或者外省晋升的省委书记则更倾向于增加投资性公共支出以促进经济增长。

（6）官员政治关系

在中国的政治体制中，官员是被任命的，他们的政治升迁很大程度上取决于上级领导（林挺进，2008），因而官员所拥有的政治关系网络对其晋升与否起到非常关键的作用（Nathan，1973；Shih，2006）。上级领导甚至会将地方官员有意识地放到更容易出业绩的岗位上，以让其获得更好的提拔（陶然等，2010）。可见，有政治关系的官员更有可能获得晋升（Opper 和 Brehm，2007；Shih 等，2012)，任职期间也能够得到更多上级政府保护。同时，有关系的官员拥有更多内部沟通渠道，能够缓解上下级政府间的信息不对称，获得更多资源偏袒（卢洪友等，2011)。因而政治关系能够对地方官员任职期间的行为决策和晋升预期产生重大影响。

2.2.2 官员披露逻辑

已有文献探讨官员的信息披露决策，通常基于资本市场中的债券市场和政治竞争中的选举市场进行研究。在资本市场视角中，地方政府会通过发行政府债券的形式进行融资。为了能够以较低的借贷成本获得借款，降低政府的融资利率，政府官员有动机通过增加信息披露的形式来降低政府与债权人之间信息不对称，提升政府透明度（Cuny，2016；Edmonds 等，2017)，增加债券评级（Pridgen 和 Wilder，2013)。在选举市场的视角中，已有文献基于西方选举民主政体，主要从两种官员效用目标入手，研究其对政府财务信息披露决策的影响：第一类是任命官员（官僚)。任命官员效用函数的因变量包括薪水、任职津贴、职务、公众声誉、权力、机构产出等（Niskenane，1971)。其中，薪金、任职津贴、权力、机构产出均与官员任职期间的总预算单调正相关（Niskanen，1991；Migue 和 Belanger，1974；Dunlevy，1991)。因而，任命官员具备追求预算（特别是可支配预算）最大化目标的强烈动机，并利用公共物品成本信息在政府与利益相关者间的信息不对称，形成公共物品生产与消费供求关系中的“双边信息垄断能力”，以便实现更大的预算自主权与垄断力（Gonzalez 和 Mehay，1985)。这意味着，在预算最大化目标的驱动下，任命官员具备降低政府财务信息披露质量的强烈动机。第二类是民选官员（政治家)。民选官员的效用目标是当选或者连任，其效用目标是选票数量最大化（Downs，1957)。为了在激烈的选举竞争中当选或连任，官员需要制定或实施符合大多数人利益的政策。但政策是否符合公众利益及其有效性如何，这些问题在官员与公众之间也存在着明显的信息不对称。因此，当民选官员执政业绩较好时，其具备强烈动机提升政府财务信息披露的质量，以便更好地展现政策的成效，回馈选民的监督需求，以及回应竞争对手的政治指控（Ingram，1984；Baber 和 Sen，1984)。而当民选官员执政业绩较差时，为了提升选民好感度，官员也可能进行选择性或者延迟性披露，避免向选民呈现不利的财务状况，进而降低披露质量（Kido 等，2012）。

中国的制度背景不同于西方国家，地方政府财务披露质量的影响因素难以直接套用西方文献的结论：一方面，中国采用一党执政和中央集权的管理体制，地方领导人既需要对中央和上级负责（对上负责），同时要对社会公众负责（对下负责）。地方领导人兼具西方文献中任命官员和民选官员的双重特征。地方领导人的个人效用目标，在其任职的不同阶段，会通过上述两种身份的转换而发生交替性变化，甚至可能呈现出某种周期性的表现。另一方面，不同于西方国家地方政府出于政治目的或者融资目的自主进行的财务信息披露，中国财务信息公开改革由中央政府自上而下统一推动，地方政府在进行财务信息披露时，既包括严格按照中央和上级规定强制披露的部分，也包括地方领导人根据当地实际情况和自身效用而自愿披露的部分，即地方政府的财务信息披露兼具强制性和自愿性的双重特征。这与西方文献单纯分析官员动机对地方政府财务信息披露的影响机制，也存在较大差异。

2.3　中国政府财务信息披露现状

与西方国家政府披露政府综合财务报告不同，中国政府会计尚未完全完成改革，并未全面公开披露政府综合财务报告，现阶段仍以预算信息和决算信息为主要的公开对象。其中，预算信息反映政府未来资金使用的计划，决算报告反映已经发生的财政收支的实际结果。政府财务信息公开是国家治理体系和治理能力现代化的基础和重要标志，是强化预算约束、规范政府行为、实施有效监督的重大改革举措。近十年来，党中央和国务院一直为推进政府财务信息公开进行着不懈努力。

2007 年 4 月，国务院正式颁布《中华人民共和国政府信息公开条例》，首次明确指出政府信息公开重要内容之一是国家预算和决算，各级政府部门应当明确信息公开的内容，并把财政预算和决算报告作为政府应重点公开的信息之一，政府账本不再是秘密。2010 年 3 月，国务院将“增强财政预算透明度”写入政府工作报告。2013年11月，中共中央、国务院发布《党政机关厉行节约反对浪费条例》规定：除依照法律法规和有关要求须保密的内容和事项外，党政机关应当按照及时、方便、多样的原则，以适当方式公开预算和决算信息。不按规定公开应当追究责任。2014年8月全国人大常委会通过《关于修改〈中华人民共和国预算法〉的决定》，规定“建立健全全面规范、公开透明的预算制度”。“经本级人民代表大会或者本级人民代表大会常务委员会批准的预算、预算调整、决算、预算执行情况的报告及报表，应当在批准后二十日内由本级政府财政部门向社会公开”，“经本级政府财政部门批复的部门预算、决算及报表，应当在批复后二十日内由各部门向社会公开”。未依照预算法规定对有关预算事项进行公开和说明应当追究责任人员责任。新修订的《预算法》从立法层面明确了政府预决算公开的法律责任。2014年9月，国务院印发《关于深化预算管理制度改革的决定》，明确除涉密信息外，政府预决算和部门预决算全部细化公开到功能分类项级科目，专项转移支付预算按项目按地区公开。所有财政资金安排的“三公”经费都要公开。2014年10月十八届四中全会将预决算公开的重要性推进至全面深化改革、推进依法治国的高度。2016年2月，中办、国办印发《关于进一步推进预算公开工作的意见》，要求各地区、各部门强化主动公开意识，扩大公开范围、细化公开内容、规范公开方式，进一步推进预算公开工作。2017年10月，中国共产党将“建立实施全面规范透明的预算制度”写进了党的十九大报告，再次彰显了中国政府提升财政透明度，让政府财政行为更有效地接受社会监督和约束的决心。到目前为止，中国初步形成了以预算法、政府信息公开条例为统领，以《国务院关于深化预算管理制度改革的决定》和中办、国办《关于进一步推进预算公开工作的意见》为指南，涵盖政府预算、部门预算和转移支付预算多层次、多方位、具有中国特色的预算公开法制模式。根据数据显示，截至2017年，全国地方26.1万家预算单位中，预决算报告的公开率达到了99.7%，预决算公开已逐步成为各级地方政府财务信息披露的主要形式。

在推动预决算公开改革的实践过程中，不同地区政府的财务信息披露质量仍存在着较大的地域差异，即使同一地区政府在不同年度之间也存在较大波动。部分省级政府在一些特定年份会采取超过财政部标准的方式披露信息。有的地方政府会提供资金收支的增减变动情况，并针对变动原因进行解释说明，有的地方政府却未有任何与资金相关的说明；有的地方政府会对财政收支的各明细项进行列举，让公众了解政府各项收入的组成部分与不同支出的用途，有的地方政府却仅有一个笼统的金额。具体而言：(1) 完整程度不同。有的地方政府公开完整的“四本”预算信息，有的地方政府却只公开其中的部分信息。(2) 可比程度不同。有些省级政府只按照财政部要求提供了年度收支决算数据。但部分省级政府，如天津、上海和河北等，可能会提供年度间的收支变动数据。(3) 详细程度不同。一部分省级政府的决算报告仅 1000 字左右，而部分省级政府，如广东、广西、云南等，决算报告字数超过 10000 字。(4) 可理解程度不同。大部分省级政府的决算报告只有文字描述。但部分省级政府，如广东、湖南和重庆，在文字描述基础上还增加了一些图表，帮助决算报告的使用者更好地理解相关信息。(5) 可获取程度不同。大部分省级政府仅按照财政部的要求，在政府门户网站上公布决算报告。但部分省级政府如安徽、黑龙江、江苏等，还在省级财政部门和省级人民代表大会的官方网站上公开了决算报告。多渠道的公开方式有助于公众更容易获取信息。(6) 可供分析的程度不同。相对于 Word 文档、PDF 文档或者网页格式而言，报告使用者更期望采用便于分析的 Excel 文档进行数据处理和分析。大部分省级政府仅提供 Word 格式、PDF 格式或者网页格式的决算报告。但海南、吉林和山东等部分省级政府还提供了便于分析的 Excel 格式的决算数据。

第3章
地方政府财务信息披露质量的度量

3.1 已有文献对政府财务信息披露质量的度量

政府公开财务信息仅仅是政府公共受托责任履行情况的第一步。相对公开而言，提升政府财务信息的披露质量，提供公众更容易理解的信息更为重要。因此，信息质量是信息披露研究中的核心话题，信息披露质量评估或计量又是其中的难题。不少研究者尝试着多种方法衡量政府财务信息披露质量，但很难有一种衡量方法得到所有研究者的认可。大部分研究者往往是根据研究所处的特定环境，从已有方法中选择一种合适的方法，进行持续改进（Marston 和 Shrives，1991）。后文将在文献基础上，对已有方法按照中国制度背景进行改良与优化，使其能够合适地用于评价中国地方政府财务信息披露质量。

3.1.1 西方文献对政府财务信息披露质量的度量

西方国家政府大约从 20 世纪 60 年代开始公开政府财务信息，并制定专门的法律法规对政府财务信息公开进行规范。早期的西方学者在 20 世纪 70 年代就开始对政府财务信息披露展开相关研究，并取得了一定成果，迄今为止已有不少文献对政府财务信息披露质量的度量方式进行探讨，并随着研究深入进行，逐渐开始采用更加全面综合的指标体系进行评判。但事实上，对信息披露质量进行度量是一个难题，学者们很难找到一个大家公认合理且充分认可的度量方式，学者们通常是根据研究环境和特定的研究话题从已有的方法中选择一种，或在该方法的基础上进行改进（Marston 和 Shrives，1991）。已有文献对政府财务信息披露质量的衡量方法主要包括单一指标法和指标体系法。

3.1.1.1　单一指标法

早期研究中对政府财务信息披露质量的度量主要采用单一指标法，通常为一些较为间接的替代性方式，例如，财务报告的页码、是否获得相关认证，以及是否采用公认会计原则等。财务报告的详细程度是评价信息披露质量的一个重要因素，Zimmerman（1977）与 Magann（1983）以年度报告的页数来衡量政府财务信息披露的详细程度，即采用财务报告的页数度量财务信息披露质量，并以此为切入点进行研究。美国政府有一项财政官员协会的认证项目，简称 CCP，若政府提交申请的财务报告满足其规定的报告标准就能获取 CCP 认定。财政官员协会认证的报告标准高于地方政府年度报告认证，经过认证的报告会包含更丰富的自愿披露项目。Evans 和 Patton（1983；1987）用是否获得财政官员协会认证来衡量政府财务信息披露质量，他们选择了以是否申请以及获得 CCP 认证为标准衡量信息披露质量，其研究发现负债水平更高、之前加入过 CCP、政府官员参与了与政府会计相关的专业协会以及所在州的报告标准与公认会计准则一致的地方政府有更强的激励去加入 CCP。Baber 和 Sen（1984）选取了政府是否采用与公认会计原则（GAAP）一致的会计处理为标准衡量披露信息的质量，其研究结论发现采用公认会计原则的州，政治竞争更加激烈，政府人员工资也更高。

早期衡量信息披露质量的研究仅仅从一个方面或者以间接手段衡量信息披露质量，该衡量方式存在一定的局限性，无法全面有效地评估政府财务信息披露质量，且缺乏一定的科学性。为了解决早期度量方式研究的不足，后续研究的学者们开始通过构建信息“披露指数”，通过多个维度来对政府财务信息披露质量进行衡量。Ingram（1984）以美国各州政府对公认会计原则建议的 12 项会计政策的采纳程度来构建披露指数，衡量财务信息披露质量。Robbins 和 Austin（1986）认为 Ingram（1984）的做法仍然不够全面，该方法仅仅考虑了披露内容，忽视了财务信息质量特征。他们在上述基础上构建了同时包含信息披露内容和信息重要性两方面的复合披露质量指数，并用该指数作为政府财务信息披露质量的代理变量考察其影响因素，实证结果验证了 Ingram（1984）用披露指数得到结果的稳健性。

3.1.1.2 指标体系法

Coy 和 Dixon（1991；1994）在已有研究的基础上，试图采用综合评分系统，通过一整套的评价指标来计算政府财务信息披露指数，进而衡量政府财务信息披露质量。根据新西兰会计师公会公告的要求，年度报告应当提供特定的九类信息，Coy 和 Dixon（1991）从大学年度报告的内容中挑选了 52 个项目，并对其进行分类归入要求披露的特定九类信息。同时按照二分法的评分规则（0 和 1）分别对每个项目进行赋值。此后，Caba 等（2008）在 Coy 和 Dixon（1994）的研究的基础上，政府财务信息开始使用互联网进行披露的特点，在政府财务信息披露质量评价体系中增加了网页设计作为评价项目，以此来衡量信息使用者是否能够方便地在网络上获取信息。这为信息时代与互联网环境下研究政府财务信息披露质量提供了一个标杆做法。事实上，21 世纪以来，不少国家政府都开始利用互联网方便、快捷和成本低的优势来披露财务信息，也有一部分学者对政府这一行为进行了研究，如 Laswar 等（2004）以新西兰 86 个地方政府为研究样本，发现政府的负债水平、富裕程度、媒体关注度与政府通过网络资源披露财务信息的行为显著正相关。Styles 和 Tennyson（2007）则进一步研究了美国 300 个地方政府在互联网上披露财务报告的影响因素，构建了关于网页设计的 10 个指标来计算便捷性指数，发现城市规模、人均收入、债务水平与政府通过网络披露财务信息的便捷性正相关，财务状况与便捷性负相关。但这些研究只考虑了网络披露一个方面，并未对财务报告提供的信息本身进行衡量，严格来说并不能代表财务信息披露质量，只能反映政府利用网络的程度。

与单一指标法相比，构建信息披露指标体系的方法对政府财务信息质量的衡量方式更加科学、全面和综合，不仅对信息披露内容详细程度进行衡量，也对政府年度报告的质量特征（如完整性、及时性、可靠性等）和信息获取的便利程度进行衡量。该方法能够有效度量不同政府部门之间信息披露差异，得到了后来研究的推广和更新，也为后续研究探讨政府财务信息披露质量的影响因素提供了研究基础。

3.1.2　中国文献对政府财务信息披露质量的度量

中国政府财务信息披露内容以预算信息和决算信息为主。预决算信息公开改革工作于 2008 年开始推进，起步相对较晚，近年来也有不少学者从预决算信息公开的角度对中国政府财务信息披露质量进行研究。

邓淑莲（2012）在评估中央政府部门预算公开透明度时，采用了 12 项指标分别从收入分类、支出分类、科目级次、经济分类等方面评估政府部门的预算公开详细程度。申亮（2012）从公众能否获得有效的财政信息为基础入手，从信息披露对象、披露范围、披露内容、披露具体化程度和披露方式五个维度，从政府一般性基金、社会保障基金和公共企业基金中选取指标构建财政透明度指数，并以此来衡量政府信息披露水平。随着互联网逐渐成为新的信息传播渠道，公众通过网络获取政府财务信息变得更加便捷，政府也开始通过网络公开政府财务信息。在考虑政府预算信息公开的网络平台新特征后，魏陆（2012）在已有关于预算透明度评价标准研究的基础上，根据政府门户网站上预决算信息公开的特点，增加了标准从专门性、全面性、详细性、动态新和便利性五个维度评价政府通过互联网进行预算公开的行为。翟司霞（2013）从预算公开的法规性、及时性，预算信息的准确性、完整性、具体性、易懂性和获取预算信息的便利性等七方面，系统构造了一个包含 70 个项目的指标体系衡量中国预算透明度，并以此评价政府财政预算透明度现状。崔永红和张玉娟（2011）把政府信息披露内容划分为遵守法规、财政状况、资源控制、运行效果和信息公开性五大类，并设置了 17 项二级指标和 39 项三级指标，从多个维度和视角构建指标体系衡量政府财务信息披露质量。根据指标体系对 2008 年中国 31 个省、直辖市和自治区政府的披露行文进行打分，结果发现西部地区的会计信息披露水平较差。也有一些学者在参考西方文献对政府财务信息披露质量衡量方式的基础上，结合中国特有的制度背景进行改进，建立了衡量中国政府财务透明度的指数。何玉和唐清亮（2011）较早的从披露内容维度、质量特征维度和信息获取便利性维度三方面建立指数，对政府财务信息网络披露的质量进行衡量。张琦和方恬（2016）以中国中央政府部门预算公开改革为制度背景，以 Caba 等（2008）的做法为基础，并结合中国政府预算公开的特点，对披露内容、披露特征和网页设计（信息的可获取性）三个维度（每个维度赋值 6 分）的项目选择与计分标准进行优化与调整，计算中央政府部门的财务信息披露质量，并在此基础上采用统计方法 Cook 值识别可能存在异常披露的情况。此外，上海财经大学公共政策研究中每年出版《中国财政透明度报告》，对中国财政透明度进行持续多年的调查评估。评估的财政信息范围十分广泛，包括公共预算、政府性基金预算、国有资本经营预算、政府部门资产负债、部门预算、社会保险基金、国有企业、财政专户预算、被调查者态度等。

纵观国内外学者对政府财务信息披露质量的相关研究，许多学者都尝试采用不同方法、从不同维度试图对政府财务信息披露质量进行评价。随着研究的深入，评价方式也从单一指标评价逐渐发展为通过指标体系进行多维度评价。但想要对中国地方政府财务信息披露质量进行度量，并有效识别不同政府部门信息披露之间的差异，还需要在已有文献基础上进行相应改进。首先，中国地方政府财务信息披露内容不同于西方国家。西方国家披露政府财务报告，通常包括政府资产负债表、财务业绩表和现金流量表，能够全面反映政府财务状况。中国地方政府披露的财务信息为政府预算报告和决算报告。前者反映政府未来的资金收支计划，后者反映政府实际发生的收支结果。为此在衡量中国地方政府财务信息披露质量时，不能直接套用西方文献中的指标体系构建方式。应当在借鉴已有文献研究的基础上，结合中国政府财务信息披露的特点重新构建指标体系进行量化。其次，已有关于中国政府财务信息披露质量的研究中，适用的政府主体并不明确。中国各级政府的政府职能存在差异，信息披露内容和特征也存在明显不同，通过一套指标体系对中国各级政府信息披露质量进行衡量并不合适。已有明确披露主体的指标体系大多针对中央政府，鲜有文献直接对地方政府（包括省级政府和地级市政府）财务信息披露专门构建指标体系进行评价和衡量。最后，已有文献研究的政府信息披露对象范围较大，并未聚焦于政府某一特定政府财务信息披露内容。张琦和方恬（2016）的研究将信息披露的对象聚焦于政府预决算报告，但该研究的披露主体为中央政府，无法直接运用至省级以下地方政府。其余大多数研究中衡量政府信息披露质量的对象均包含了大量的非财务信息，如政府工作报告、国民经济与社会发展执行情况报告、统计年鉴、财政年鉴、国民经济统计公报和一些审计报告（何玉和唐清亮，2011；崔永红和张玉娟 2011），这些报告内容并不能直接反映政府财政收支信息，对此类信息进行指标量化并不能直接反映地方政府的财务信息披露质量。

3.2　政府财务信息披露质量的衡量方法

与国外政府披露政府综合财务报告不同，现阶段中国政府财务信息披露的主要方式是政府预决算信息公开。主要公开方式为预算报告、决算报告以及相应附表。我们对地方政府财务信息披露质量的度量，实际上是对地方政府预决算信息披露进行衡量。政府的预算报告和决算报告必须经过同级人大审议通过，并将通过后的预算报告与决算报告向公众公开。不同年度、不同政府间，政府财务信息公开内容与形式各不相同，详略程度差异较大。为了综合衡量地方政府财务信息披露的内容，我们以 Caba 等（2008）的研究为基础，并借鉴张琦和方恬（2014）的做法，进一步调整构建信息披露指标体系对中国地方政府部门财务信息披露的质量进行评分，将得分作为信息披露指数（Disclosure Index，以下简称 DI 值）。

第一，指标体系分为两个部分，内容维度与质量体征维度。内容维度主要是针对报告内容是否公开了与政府收支相关的全部信息以及公开程度进行量化。为了准确衡量地方政府财务信息披露的内容，体现出不同地区之间的差异，在已有研究的基础上，我们进一步细化了指标体系中内容项维度并将其单独作为一个指标体系。我们借鉴了公司财务信息质量特征，从完整性、可比性、可理解性和信息可获取性等维度量化地方政府财务公开质量，并对其中的民生支出、“三公”经费等社会公众关注度较高的信息进行专门评分。

第二，区分预算公开质量与决算公开质量。地方政府财务信息披露主要包括预算报告和决算报告。其中，预算信息反映政府未来资金使用的计划，决算报告反映已经发生的财政收支的实际结果。这两类报告披露内容的侧重点不同，我们结合两类报告的特征，分别设计定量评价指标体系。

第三，区分政府财务信息公开中的强制披露信息（即地方政府按照财政部预决算公开规则被动进行的披露行为）与自愿披露信息（即地方政府在财政部规定基础上自愿进行的披露行为）。随着预决算公开改革不断深入推进，各地方政府强制披露行为将可能逐步趋于一致，而自愿披露行为在地区间的差异将逐渐显现。强制披露指标可以用于衡量地方政府对中央推行预决算公开改革的响应程度，而自愿披露指标则能够更恰当地用于衡量地方政府在主动提升财务信息公开质量方面做出的努力。为避免内容重复，强制信息披露质量指标与自愿信息披露指标评分规则详见第4章中的表4－1。

第四，主要采用二分法（0和1）的评分规则。参考Cuny（2016）的做法，我们采用是否披露特定信息，披露赋值1，未披露赋值0的方法来进行评分。即尽量细化指标体系分项项目信息，对每一分项信息均根据报告内容按照二分法予以赋值，报告中有该项信息赋值1分，否则为0分。因此，可能会出现不同维度分值不一的情况，可在未来具体使用时赋予权重予以统一。

3.2.1 内容维度的重构与优化

国外研究对政府财务信息披露内容项的衡量方式主要包括预算信息和现金流、财务状况以及非财务信息：预算信息和现金流是根据政府是否披露了财政年度预算信息、收支执行信息、预算结果和预算调整信息以及现金流量表来评分。财务状况是根据能否查阅到政府固定资产和总资产变动的信息、借债水平和借债变化的信息以及营业损益表来评分。非财务信息则是根据政府是否主动提供了效果性、效率性以及经济性信息来评分。

中国当前的地方政府财务报告体系在核算基础、内容等方面与国外存在较大差异，主要表现为：（1）中国目前的政府预算会计系统以反映收支信息为主，尚不能反映政府的资产、负债等财务状况方面的信息；（2）预算会计核算以收付实现制为主，地方政府缺乏单独编制现金流量表的动机。由于上述差异的存在，我们在 Caba 等（2008）的基础上对内容维度进行了较大调整。首先，根据财政部《地方预决算公开操作规程》的规定，地方各级财政部门应当公开一般公共预算、政府性基金预算、国有资本经营预算、社会保险基金预算四本预算。我们对四本预算信息分别进行量化。其次，基于以下三点考虑，我们根据地方政府财务信息公开的特征，主要对披露内容的“详细程度”进行度量：第一，尽管地方政府的预（决）算报告在内容上基本一致，但不同政府对财务信息详细说明的程度却存在差异。第二，普通公众缺乏充足的时间来对政府每一项收入、支出是否合理进行分析，提供比较信息对于普通社会公众等信息使用者理解政府财务信息显得十分重要。第三，收支总金额数据信息含量不多，普通公众难以从中获取足够有用的信息，提供收支信息细项金额与说明也非常必要。因此，本部分在政府预算披露和决算披露的内容项中，增加比较信息和细项信息的评价标准。

另外，中国与公共服务相关的支出统称为“民生”支出，这部分支出与公众生活密切相关，是公众关注的重点支出，我们也对这一部分支出披露的信息单独进行计量。同时，根据中国地方政府预算信息公开与决算信息公开的不同职能和目的，我们从一般预算收支、政府性基金预算、国有资本经营预算、社会保险基金四个维度分别对预算报告内容和决算报告内容建立打分体系。

3.2.1.1　预算报告内容维度

预算是计划的一种形式，它是政府为达到目的在一年内对资源进行配置的计划，是用数字或货币编制出来的未来一年的计划。政府需要在预算中说明未来一年的收入与开支计划，包括收入的来源、开支的具体计划等。因此在预算报告内容维度，我们主要对预算信息披露内容中，是否公开与预算收支相关的信息以及信息公开的详略程度进行量化。

（1）一般预算收支。包括一般预算收入和一般预算支出两部分内容。其中，一般预算收入包括总体描述和分项信息。收入总体信息项目包括：一般预算收入金额、增长率或增长额（可比信息）、相关说明和其他收入；收入分项信息包括：分项金额、分项增长率或增长额（可比信息）、相关说明。一般预算支出也包括总体描述和分项信息。支出总体信息项目包括：一般预算支出金额、增长率或增长额（可比信息）、相关说明和其他支出。在预算报告中，地方政府对一般预算支出分项信息描述比收入信息更加详细，因而我们对一般预算支出分项信息的衡量维度也更多，具体包括：分项金额、分项增长率或增长额（可比信息）、相关说明、列举项目、列举项目说明和列举项目支出共计六个项目。一般来说，分项信息得分越高，说明收支信息公开越详细，即信息公开的深度越深。但无法衡量信息公开的范围，因此我们单独统计了列举收入和支出分项信息的项目数，只要列举了分项信息的金额，就记为一条分项信息。该得分为大于0正整数，得分越高，信息公开的宽度越大。

（2）政府性基金预算。包括政府性基金预算收入与支出两部分。其中，政府性基金预算收入包括：收入金额、增长率或增长额（可比信息）、相关说明和细项列举。政府性基金预算支出包括：支出金额、增长率或增长额（可比信息）、相关说明和细项列举。

（3）国有资本经营预算。包括国有资本经营预算收入与支出两部分。其中，国有资本经营预算收入包括：收入金额、增长率或增长额（可比信息）、相关说明和细项列举。国有资本经营预算支出包括：支出金额、增长率或增长额（可比信息）、相关说明和细项列举。

（4）社会保险基金预算。包括社会保险基金预算收入与支出两部分。其中，社会保险基金预算收入包括：收入金额、增长率或增长额（可比信息）、相关说明和细项列举。社会保险基金预算支出包括：支出金额、增长率或增长额（可比信息）、相关说明和细项列举。

一般公共预算、政府性基金预算、国有经营预算和社会保险基金预算是按照中国《信息公开条例》要求必须披露的四本预算（见表3－1）。除了上述政府要求强制披露的信息以外，我们主要观测与公众生活密切相关的民生支出，构建了民生支出信息披露内容项。具体打分项目如下：民生支出。包括教育、住房保障、社会保障与就业、文化体育与传媒、医疗和环保六个项目（见表3－2）。民生支出实际上是一般预算支出中分项支出的一部分，衡量方式与一般预算支出分项信息一致。每个项目下均包括分项金额、分项增长率或增长额（可比信息）、相关说明、列举项目、列举项目说明和列举项目支出六个指标。

表 3－1　地方政府财务信息披露质量之预算内容维度

一级指标	二级指标	三级指标
一般公共预算收支（17 分）	一般公共预算收入（7 分）	总体信息（4 分）：一般公共预算收入金额（1 分）、一般公共预算收入增长率或增长额（1 分）、相关说明（1 分）、其他收入（1 分）
		分项信息（3 分）：分项金额（1 分）、分项金额增长率或增长额（1 分）、相关说明（1 分）
	一般公共预算支出（10 分）	总体信息（4 分）：一般公共预算支出金额（1 分）、一般公共预算支出增长率或增长额（1 分）、相关说明（1 分）、其他支出（1 分）
		分项信息（6 分）：分项金额（1 分）、分项金额增长率或增长额（1 分）、相关说明（1 分）、列举项目（1 分）、列举项目说明（1 分）、列举项目支出（1 分）
政府性基金预算（8 分）	政府性基金预算收入（4 分）	政府性基金预算收入金额（1 分）、政府性基金预算收入增长率或增长额（1 分）、相关说明（1 分）、细项列举（1 分）
	政府性基金预算支出（4 分）	政府性基金预算支出金额（1 分）、政府性基金预算支出增长率或增长额（1 分）、相关说明（1 分）、细项列举（1 分）
国有资本经营预算（8 分）	国有资本经营预算收入（4 分）	国有资本经营预算收入金额（1 分）、国有资本经营预算收入增长率或增长额（1 分）、相关说明（1 分）、细项列举（1 分）
	国有资本经营预算支出（4 分）	国有资本经营预算支出金额（1 分）、国有资本经营预算支出增长率或增长额（1 分）、相关说明（1 分）、细项列举（1 分）
社会保险基金预算（8 分）	社会保险基金预算收入（4 分）	社会保险基金预算收入金额（1 分）、社会保险基金预算收入增长率或增长额（1 分）、相关说明（1 分）、细项列举（1 分）
	社会保险基金预算支出（4 分）	社会保险基金预算支出金额（1 分）、社会保险基金预算支出增长率或增长额（1 分）、相关说明（1 分）、细项列举（1 分）

表 3－2　地方政府财务信息披露质量之民生支出

一级指标	二级指标	三级指标
民生支出（36 分）	教育（6 分）	金额（1 分）、增长率或增长额（1 分）、相关说明（1 分）、列举项目（1 分）、列举项目说明和列举项目支出（1 分）
	住房保障（6 分）	金额（1 分）、增长率或增长额（1 分）、相关说明（1 分）、列举项目（1 分）、列举项目说明和列举项目支出（1 分）
	社会保障与就业（6 分）	金额（1 分）、增长率或增长额（1 分）、相关说明（1 分）、列举项目（1 分）、列举项目说明和列举项目支出（1 分）

续表

一级指标	二级指标	三级指标
民生支出（36分）	文化体育与传媒（6分）	金额（1分）、增长率或增长额（1分）、相关说明（1分）、列举项目（1分）、列举项目说明和列举项目支出（1分）
	医疗（6分）	金额（1分）、增长率或增长额（1分）、相关说明（1分）、列举项目（1分）、列举项目说明和列举项目支出（1分）
	环保（6分）	金额（1分）、增长率或增长额（1分）、相关说明（1分）、列举项目（1分）、列举项目说明和列举项目支出（1分）

3.2.1.2 决算报告内容维度

决算，指根据年度预算执行结果而编制的年度会计报告。它是预算执行的总结，反映年度国家预算收支的最终结果，是国家经济活动在财政上的集中反映。因此，与预算信息不同，决算报告主要体现决算与预算执行、决算与预算、决算与上年决算之间的差异，最终核定本年政府部门收入与支出确切金额。因此在决算报告内容维度，我们主要衡量报告是否提供上述可比信息及相关说明。我们分别从收支金额、与预算的差异、与预算差异说明、与预算执行的差异、与预算执行差异说明、与上年差异、与上年差异说明、分项收支金额、分项信息与预算差异、分项信息与预算差异说明、分项信息与预算执行差异、分项信息与预算执行差异说明、分项信息与上年决算差异、分项信息与上年决算差异说明共14个项目对以下项目：一般预算收入、一般预算支出、政府性基金预算收入、政府性基金预算支出、国有资本经营预算收入、国有资本经营预算支出、社会保险基金预算收入、社会保险基金预算支出的信息披露程度进行衡量（见表3－3）。

表3－3 地方政府财务信息披露质量之决算内容维度

一级指标	二级指标	三级指标
一般预算收支（28分）	一般预算收入（14分）	收入总体（7分）：收入金额（1分）、与预算的差异（1分）、与预算差异说明（1分）、与预算执行的差异（1分）、与预算执行差异说明（1分）、与上年的差异（1分）、与上年差异说明（1分）
		收入细项（7分）：分项收入金额（1分）、分项信息与预算差异（1分）、分项信息与预算差异说明（1分）、分项信息与预算执行差异（1分）、分项信息与预算执行差异说明（1分）、分项信息与上年决算差异（1分）、分项信息与上年决算差异说明（1分）
		列举细项数（大于0的正整数，不计入总分）

续表

一级指标	二级指标	三级指标
一般预算收支（28 分）	一般预算支出（14 分）	支出总体（7 分）：支出信息（1 分）、与预算的差异（1 分）、与预算差异说明（1 分）、与预算执行的差异（1 分）、与预算执行差异说明（1 分）、与上年的差异（1 分）、与上年差异说明（1 分）
		支出细项（7 分）：分项支出金额（1 分）、分项信息与预算差异（1 分）、分项信息与预算差异说明（1 分）、分项信息与预算执行差异（1 分）、分项信息与预算执行差异说明（1 分）、分项信息与上年决算差异（1 分）、分项信息与上年决算差异说明（1 分）
		列举细项数（大于 0 的正整数，不计入总分）
政府性基金预算（28 分）	政府性基金预算收入（14 分）	收入总体（7 分）：收入信息（1 分）、与预算的差异（1 分）、与预算差异说明（1 分）、与预算执行的差异（1 分）、与预算执行差异说明（1 分）、与上年的差异（1 分）、与上年差异说明（1 分）
		收入细项（7 分）：分项收入金额（1 分）、分项信息与预算差异（1 分）、分项信息与预算差异说明（1 分）、分项信息与预算执行差异（1 分）、分项信息与预算执行差异说明（1 分）、分项信息与上年决算差异（1 分）、分项信息与上年决算差异说明（1 分）
	政府性基金预算支出（14 分）	支出总体（7 分）：支出信息（1 分）、与预算的差异（1 分）、与预算差异说明（1 分）、与预算执行的差异（1 分）、与预算执行差异说明（1 分）、与上年的差异（1 分）、与上年差异说明（1 分）
		支出细项（7 分）：分项支出金额（1 分）、分项信息与预算差异（1 分）、分项信息与预算差异说明（1 分）、分项信息与预算执行差异（1 分）、分项信息与预算执行差异说明（1 分）、分项信息与上年决算差异（1 分）、分项信息与上年决算差异说明（1 分）
国有资本经营预算（28 分）	国有资本经营预算收入（14 分）	收入总体（7 分）：收入信息（1 分）、与预算的差异（1 分）、与预算差异说明（1 分）、与预算执行的差异（1 分）、与预算执行差异说明（1 分）、与上年的差异（1 分）、与上年差异说明（1 分）
		收入细项（7 分）：分项收入金额（1 分）、分项信息与预算差异（1 分）、分项信息与预算差异说明（1 分）、分项信息与预算执行差异（1 分）、分项信息与预算执行差异说明（1 分）、分项信息与上年决算差异（1 分）、分项信息与上年决算差异说明（1 分）
	国有资本经营预算支出（14 分）	支出总体（7 分）：分项支出金额（1 分）、支出信息（1 分）、与预算的差异（1 分）、与预算差异说明（1 分）、与预算执行的差异（1 分）、与预算执行差异说明（1 分）、与上年的差异（1 分）、与上年差异说明（1 分）
		支出细项（7 分）：分项信息与预算差异（1 分）、分项信息与预算差异说明（1 分）、分项信息与预算执行差异（1 分）、分项信息与预算执行差异说明（1 分）、分项信息与上年决算差异（1 分）、分项信息与上年决算差异说明（1 分）

续表

一级指标	二级指标	三级指标
社会保险基金预算（28分）	社会保险基金预算收入（14分）	收入总体（7分）：收入信息（1分）、与预算的差异（1分）、与预算差异说明（1分）、与预算执行的差异（1分）、与预算执行差异说明（1分）、与上年的差异（1分）、与上年差异说明（1分）
		收入细项（7分）：分项收入金额（1分）、分项信息与预算差异（1分）、分项信息与预算差异说明（1分）、分项信息与预算执行差异（1分）、分项信息与预算执行差异说明（1分）、分项信息与上年决算差异（1分）、分项信息与上年决算差异说明（1分）
	社会保险基金预算支出（14分）	支出总体（7分）：支出信息（1分）、与预算的差异（1分）、与预算差异说明（1分）、与预算执行的差异（1分）、与预算执行差异说明（1分）、与上年的差异（1分）、与上年差异说明（1分）
		支出细项（7分）：分项支出金额（1分）、分项信息与预算差异（1分）、分项信息与预算差异说明（1分）、分项信息与预算执行差异（1分）、分项信息与预算执行差异说明（1分）、分项信息与上年决算差异（1分）、分项信息与上年决算差异说明（1分）

3.2.1.3 “三公”经费内容维度

“三公”经费，指政府部门人员因公出国（境）经费、公务车购置及运行费、公务招待产生的消费（以下简称出国经费、公车经费与接待经费）。我们分别从“三公”经费信息的公开维度衡量和披露详细程度两个方面衡量政府“三公”经费信息披露质量。“三公”经费信息公开维度的衡量标准分为两个层次，若地方政府公开当年的“三公”经费信息，则赋值1分；若地方政府对当年的“三公”经费信息进行单独披露，则在公开“三公”经费信息赋值1分的基础上，再对单独公开这一项赋值1分，即单独公开“三公”经费信息的城市，公开维度赋值2分。这里需要特别说明，部分地方政府的“三公”经费信息是随着政府预决算报告一起向社会公众公开。政府预决算报告内容较为庞杂，包含各类政府财政收入、不同类别的政府财政支出以及各种基金类收入和支出数据与说明。若政府仅将“三公”经费支出作为一类普通支出与其他财政支出一起公开，信息使用者获取该类信息通常需要耗费额外的时间与精力，且容易遗漏该类信息。若通过单独的网页公开“三公”经费信息，信息使用者可以在网站中直接搜索并下载与“三公”经费信息相关的说明与表格，信息获取与分析均较为容易，因此我们在对“三公”经费公开维度进行量化时区分了这两种情况，对单独公开“三公”经费的情况赋值 2 分。

同时，我们也衡量了“三公”经费披露的详细程度。“三公”经费包含出国经费、公车经费、接待经费。对于上述每一类经费，均从是否提供可比信息、是否对可比信息进行解释说明以及是否提供更多增量信息三个方面予以衡量。以出国经费为例，若地级市政府提供了出国经费开销相比上年经费开销的增减变动信息，则对出国经费可比信息项目赋值 1 分；若政府同时对出国经费相比上年增减变动的原因进行了相应的说明与解释，则再对出国经费提供解释与说明赋值 1 分；若政府还提供了其他的具体数据信息，如列举了出国经费开支涉及出国人数、团组数等，这将有利于信息使用者计算政府出国团或个人的平均开支，是一类较为重要的信息，则对出国经费再赋值 1 分。详细赋值情况见表 3 -4。

表 3 -4　地方政府“三公”经费信息披露质量衡量方式

指标名称		指标定义
“三公”信息披露	公开（open）	是否公开“三公”经费信息，是赋值 1，否则赋值 0
		是否单独公开“三公”经费信息，是赋值 1，否则赋值 0
	出国（Overseas）	是否公开出国经费增减变化信息，是赋值 1，否则赋值 0
		是否对出国经费增减变化进行说明与解释，是赋值 1，否则赋值 0
		是否公开出国团组数、人次信息，是赋值 1，否则赋值 0
	接待（Receptions）	是否公开接待经费增减变化信息，是赋值 1，否则赋值 0
		是否对接待经费增减变化进行说明与解释，是赋值 1，否则赋值 0
		是否公开接待团组数、人次信息，是赋值 1，否则赋值 0
	公车（Cars）	是否公开公车经费增减变化信息，是赋值 1，否则赋值 0
		是否对公车经费增减变化进行说明与解释，是赋值 1，否则赋值 0
		是否公开公车持有量，公车增减变动等，是赋值 1，否则赋值 0

3.2.1.4　三类信息披露内容特点及运用

与西方国家政府披露政府综合财务报告不同，中国政府会计尚未完全完成改革，并未全面公开披露政府综合财务报告，现阶段仍以预算信息和决算信息为主要的公开对象。预算与决算代表两种不同的官员动机。预算报告是政府财政收支的计划，即政府未来对资金收集和分配的规划，报告对象是未来的资金支出决策，更强调收支的结构与时间规划，且在预算执行过程中可对预算金额进行调整。而决算报告更类似公司的年度财务报告，或西方国家的政府财务综合报告，代表着政府实际发生的财政收支，是年度政府预算收支的最终结果，是政府预算执行的总结，报告对象是过去已经发生的收支行为，更强调与预算的比较，以及与相关法规的符合程度。相比反映计划的预算信息，决算信息更能反映官员的实际决策行为和真实业绩水平。业绩是影响官员晋升的主要因素之一，官员在披露决算信息时，往往需要结合个人效用目标进行决策。基于此，我们在探讨官员晋升动机对政府财务信息披露质量的影响时，主要的研究对象为政府决算信息披露质量。

“三公”经费是中国政府财政支出中较为特别的一类支出，包括出国经费、公车经费与接待经费。一方面，“三公”经费的高低决定了官员因公出国的舒适度、公务接待的档次以及公务用车的豪华程度，与官员在任期间个人效用和福利程度密切相关，其披露程度受官员个人动机的影响更为直接。另一方面，“三公”经费开支高低受到媒体与公众的大量关注。近年来新闻媒体针对政府财务信息公开的报道和问责中，大多集中在政府“三公”经费。因此，相比其他政府经费支出，“三公”经费披露更容易受到官员问责动机的影响。我们在探讨官员问责动机对政府财务信息披露质量的影响时，主要的研究对象为政府“三公”经费披露质量。

政府财务信息披露从无到有，对社会经济活动往往存在重大影响。一般来说，预算信息作为一项对未来资金收支的计划，披露时间往往要早于决算信息披露时间。地方政府首次进行政府财务信息公开均以预算信息为主，尚未发现有地方政府首次财务信息公开以决算信息为主。基于此，我们在探究政府财务信息公开的经济后果时，以地方政府预算信息公开时点作为首次政府财务信息披露时间，进行相应的研究设计。

3.2.2 质量特征的重构与优化

2006年7月，美国财务会计准则委员会（FASB）发布的联合趋同框架（关于目标和信息质量特征的初步意见）中认为，会计信息质量特征的要求主要包括相关性、如实反映、可比性和可理解性。其中，相关性包括预测价值和及时性，如实反映包括可验证性、中立性和完整性，可比性包括横向可比和纵向可比。该框架主要衡量私营部门的会计信息质量特征，公共部门会计信息报告的内容和方式都与私营部门存在差异。针对公共部门披露的会计信息，需要类比公认的私营部门会计信息质量特征，对其进行选择性重新界定。参照 Caba 等（2008）的研究，我们选择完整性、可比性和可理解性三个指标对政府财务信息披露质量特征进行衡量。公众能够方便快捷地获取信息是政府通过财务信息披露解除受托责任的前提，我们也加入了信息可获取性指标。

在财务信息披露质量维度，地方政府与西方国家的差异不大，最主要的差异体现在信息披露的及时性与可靠性两方面：（1）在及时性方面，地方政府目前还未公布比年度更频繁的如季度、月度的预算执行信息，并且在公开预（决）算报告的时间上还有所差异；（2）在可靠性方面，审计署每年会对部分地方政府的预算执行情况进行审计，地方政府并未自行聘请外部独立审计师。基于此，我们未对政府财务信息披露及时性和可靠性进行评分。完整性、可比性、可理解性和信息可获取性的具体打分规则如下（见表 3－5）。

表 3－5　地方政府财务信息披露质量之质量特征

质量特征		指标名称
质量特征	完整性（8 分）	预决算报告（4 分）；“三公”经费安排（1 分）；一般公共预算信息（1 分）；政府基金预算信息（1 分）；国有资本预算信息（1 分）；社保基金预算信息（1 分）
		预决算表格（4 分）：一般公共预算收支表（1 分）；政府性基金收支表（1 分）；国有资本预算收支表（1 分）；社保基金预算收支表（1 分）
	可比性（4 分）	一般公共预算收入可比（1 分）；收入类级科目可比（1 分）；
		一般公共预算支出可比（1 分）；支出类级科目可比（1 分）；
	可理解性	字符数；图表数
	便利性（4 分）	政府门户网站公开（1 分）；财政厅（1 分）；人大（1 分）；
		是否有 Excel（1 分）

其一，完整性。完整性是会计信息质量特征中的主要特征可靠性的重要方面，从财务信息公开的角度看，普通公众无法判断政府公开信息的真实性，完整性便成为财务信息可靠的必要保障。完整性的得分标准共有两个维度：报告内容的完整性和相关表格信息的完整性。根据财政部《地方

预决算公开操作规程》的规定，地方各级财政部门应当公开一般公共预算、政府性基金预算、国有资本经营预算、社会保险基金预算四本预算。我们对地方政府部门是否在报告和相关表格中公开四本预算进行量化。

其二，可比性。可比性是会计信息应当具备的重要特征之一，会计信息可比性可以帮助公众更好地理解和分析会计信息。可比性包括四个项目，即收入可比、收入细项可比、支出可比、支出细项可比。

其三，可理解性。可理解性的内涵是会计信息应当便于信息使用者理解，即从信息使用者的角度考虑政府提供的会计信息是否容易理解。可理解性包括两个二级项目：（1）相关报告的字符数。报告字符数越多，相关信息说明会更详细，可理解程度越高，反之越简略；（2）图表数，相比长篇大论的报告，图表形式公开的内容经过归纳整理，更有利于公众理解。

其四，可获取与便利性。可获取性主要衡量信息使用者是否可以便捷地在政府网站上查找到已公开的财务信息。中国政府财务信息网上公开主要有三个渠道：政府门户网站、财政厅网站和人大网站，每个渠道各赋值1分。便利性主要是对政府在网站上提供信息的数据格式进行评分，一般来说政府网站提供的数据格式有网页格式、PDF文档、Word文档和Excel电子表等格式。由于Excel格式可以方便使用者对政府提供的财务数据进行处理以形成自己的报告，赋值为1，其余形式数据都赋值为0。

3.2.3 省级政府2011—2017年度财务信息披露质量

31个省级政府中最早公开政府财务信息的省份其公开行为始于2010年，由于首次公开政府财务信息时无细化的统一规范可循，可能带有试探性，本部分将研究省级政府2011—2017年度的财务信息披露质量，运用构建的适用于地方政府的指标体系计算出省级政府的各项目披露得分，并从内容和质量特征两个维度的具体评分项目分别研究省级政府的财务信息披露质量。省级政府2011—2017年共计7年财务信息披露质量的总体情况如下。

3.2.3.1 基本内容部分

如表3-6（表中数据为公开省份数）所示，预算信息公开方面，所有

31 个省份自 2011 年起都公开了公共财政预算收支情况，政府性基金预算收支的公开比例也较高，近三年只有个别省份未公开，相比之下国有资本经营预算收支和社会保险预算收支信息公开比例较差，在 2011 年只有极少数省份公开，之后公开的省份持续增加，但至 2017 年仍未实现全部公开。决算信息公开方面，与预算信息一致，公共财政收支决算信息和政府性基金预算收支决算信息的公开比例一直较高，但并未达到全部公开，国有资本经营预算收支决算信息和社会保险预算收支决算信息虽然公开比例不及前两项决算信息，却优于对应项目的预算信息公开情况。预决算报告的字符数方面，预算报告除 2012 年平均字符数最高达到 9562 个字符以外，从 2013 年开始平均字符数量一直在增加，到 2017 年平均字符数为 7378 个。决算报告字符数普遍低于预算报告，主要原因是预算报告通常会对未来的资金使用和规划进行较多说明，决算报告主要对资金使用与原计划进行比较，说明内容相对较少。

表 3－6　省级政府基本内容部分的披露情况

评分项目	2011 年	2012 年	2013 年	2014 年	2015 年	2016 年	2017 年
1. 预算相关信息							
省级公共财政收支信息	31	31	31	31	31	31	31
省级政府性基金收支信息	24	27	27	29	30	31	31
省级国有资本经营收支信息	5	11	17	24	30	31	30
省级社会保险收支信息	1	3	7	19	29	29	29
“三公”经费	0	1	2	7	9	10	10
字符数	6214.14	9562.19	5830.69	6294.65	6751.48	7127.79	7378.24
2. 决算相关信息							
省级公共财政收支信息	24	27	26	30	27	30	30
省级政府性基金收支信息	21	23	22	29	25	30	29
省级国有资本经营收支信息	3	9	14	21	20	29	29
省级社会保险收支信息	1	2	4	16	18	28	29
“三公”经费	7	9	12	16	15	18	23
字符数	4315.19	4117.15	4438.38	5045.48	5854.79	5509.46	6160.45

“三公”经费方面，2012 年之前仅有少数省份公开了“三公”经费信息，2013 年之后公开省份数有明显上升，2014 年保持了上升趋势，这可能

与2012年《机关事务管理条例》（要求各级人民政府公开“三公”经费）的发布有关。

3.2.3.2 预决算报告附表部分

该部分主要观测在预算报告和决算报告之外，省级政府是否提供了相应的附表。如表3-7（表中数据为公开省份数）所示，提供各项预决算表格及说明的省份数在2011—2017年间呈现出持续的上升趋势。在预算信息和决算信息中，与前面部分的结果类似，提供公共财政收支和政府性基金收支表格的省份要明显多于提供国有资本经营收支和社会保险收支表格的省份。由于预算报告和决算报告需提交人大审议，报告内容相对繁杂，提供简洁的表格便于不同需求的公众更快捷地查阅信息。

表3-7 省级政府的预决算表格部分披露情况

评分项目	2011年	2012年	2013年	2014年	2015年	2016年	2017年
1. 预算附表							
省级公共财政收支预算表	17	17	23	24	28	29	29
省级政府性基金收支预算表	13	14	21	23	28	29	28
省级国有资本经营收支预算表	2	6	12	18	26	28	28
省级社会保险收支预算表	1	1	5	7	21	24	27
2. 决算附表							
省级公共财政收支决算表	21	22	24	26	29	30	30
省级政府性基金收支决算表	19	20	24	26	29	30	30
省级国有资本经营收支决算表	2	8	14	22	29	30	30
省级社会保险收支决算表	0	1	3	10	23	29	30

3.2.3.3 披露分项信息

在预算信息中，提供公共财政收支分项信息的省份明显多于提供其他项目分项信息的省份，并且提供公共财政支出分项信息的省份明显多于提供公共财政收入分项信息的省份，到2017年，全部省份均公开了公共财政支出分项信息。提供社保基金预算收支分项信息的省份随年度变化逐渐增加，并且提供社保基金预算收入分项信息的省份多于提供支出分项信息的省份（见表3-8）。

表 3-8　省级政府预算披露分项信息

评分项目	2011 年	2012 年	2013 年	2014 年	2015 年	2016 年	2017 年
1. 省级公共财政收入分项信息	9	13	13	13	12	15	16
2. 省级公共财政支出分项信息	30	31	31	30	30	31	31
3. 政府基金预算收入分项信息	8	10	11	9	4	5	8
4. 政府基金预算支出分项信息	8	11	8	9	7	8	7
5. 国有资本经营预算收入分项信息	3	5	7	8	11	5	5
6. 国有资本经营预算支出分项信息	2	6	8	12	10	8	8
7. 社保基金预算收入分项信息	0	1	4	8	14	14	13
8. 社保基金预算支出分项信息	0	1	3	7	9	12	9

3.2.3.4　披露可比信息

预算可比信息披露的统计结果如表 3-9 所示，在省级政府预算信息披露的早期，即 2011—2013 年绝大多数省份均提供了一般预算收支可比信息，有接近一半的省份提供了政府性基金预算收支的比较信息，只有个别省份提供了国有资本经营预算收支和社保基金预算收支的比较信息。到 2014 年以后，提供国有资本经营预算和社保基金预算可比信息的省份大大增加，截至 2017 年，有接近 2/3 的省份提供上述两类可比信息。提供一般预算收支可比信息的省份数变化不大，提升政府性基金收支比较信息的省份数有小幅增加。

表 3-9　省级政府预算披露可比信息

评分项目	2011 年	2012 年	2013 年	2014 年	2015 年	2016 年	2017 年
1. 公共财政预算收支比较							
1.1 一般预算收入可比	27	28	28	28	30	28	30
1.2 一般预算支出可比	26	27	23	24	20	23	23
2. 政府性基金收支比较							
2.1 收入可比	12	16	16	17	16	21	19
2.2 支出可比	9	10	12	13	13	16	15
3. 国有资本经营收支比较							
3.1 收入可比	0	2	8	12	19	21	20
3.2 支出可比	0	0	5	7	13	18	15
4. 社会保险收支比较							
4.1 收入可比	1	1	3	10	17	17	20
4.2 支出可比	1	1	2	9	15	15	18

决算可比信息披露统计情况如表3-10所示。政府决算报告报出之前，需要首先制定预算报告，对未来的资金花费进行计划。预算执行完整以后，有一个报告人大的预算执行报告，在有关资金数额经过人大批准、调整后，最后出台决算报告。决算报告中相关收支的金额与预算、预算执行的差异反映当年资金计划与实际执行中的差异，与上年决算报告的差异反映当年与上年相关收支的变化。因而决算报告可比信息主要包括三类，与当年预算信息相比、决算信息与上一年度决算信息相比、决算信息与之前报告人大的预算执行数相比。从三类可比信息来看，首先是提供决算与预算可比信息的省份较多，其次是提供决算信息与上年决算可比信息、提供决算与预算执行可比信息的省份最少。在预算公开的早期，仅有较少省份提供了国有资本经营预算的比较信息，只有个别省份提供了社保基金经营预算的可比信息。随着政府预决算公开的推进，提供上述两类资金可比信息的省份逐渐增加，截至2017年，有接近75%的省份提供了上述两类资金与预算相比的信息。提供一般公共预算收支与预算相比和与上年决算相比信息的省份较多，仅有少数省份未提供该类信息，提供一般公共预算收支与预算执行相比信息的省份则较少，截至2017年，仅有约一半省份提供了此类信息。

表3-10 省级政府决算披露可比信息

评分项目	2011年	2012年	2013年	2014年	2015年	2016年	2017年
1. 公共财政预算收支比较							
1.1 决算信息与当年预算信息相比	24	25	25	27	24	23	28
1.2 决算信息与上一年度决算信息相比	25	25	23	28	23	28	27
1.3 决算信息与之前报告人大的预算执行数相比	7	14	13	17	12	16	16
2. 政府性基金收支比较							
2.1 决算信息与当年预算信息相比	14	17	14	21	20	23	25
2.2 决算信息与上一年度决算信息相比	18	16	15	18	18	19	18
2.3 决算信息与之前报告人大的预算执行数相比	4	7	6	12	11	11	12

续表

评分项目	2011 年	2012 年	2013 年	2014 年	2015 年	2016 年	2017 年
3. 国有资本经营收支比较							
3.1 决算信息与当年预算信息相比	3	7	9	16	15	22	24
3.2 决算信息与上一年度决算信息相比	1	3	3	10	11	16	19
3.3 决算信息与之前报告人大的预算执行数相比	1	2	5	9	8	10	11
4. 社会保险收支比较							
4.1 决算信息与当年预算信息相比	0	0	2	11	13	20	23
4.2 决算信息与上一年度决算信息相比	1	2	3	10	12	17	16
4.3 决算信息与之前报告人大的预算执行数相比	0	0	0	5	6	10	10

3.2.3.5　民生支出披露

民生支出披露的统计结果如表 3－11 所示。2011—2017 年，披露教育、社会保障和就业、文化传媒与体育支出以及医疗支出的省份较多，只有极个别省份没有披露上述支出信息。披露住房保障支出的省份数变化较大，最多的时候有 25 个省份公开了该项支出（2015 年），最少的时候仅有 13 个省份公开了该项支出。值得注意的是，随着环境保护的理念深入人心，披露政府环保支出的省份数也在逐年增加，从 2011 年的 19 个省份增加到 2017 年的 28 个省份。

表 3－11　省级政府民生信息披露

评分项目	2011 年	2012 年	2013 年	2014 年	2015 年	2016 年	2017 年
1. 教育	31	31	30	29	28	30	30
2. 住房保障	22	22	18	13	25	21	18
3. 社会保障与就业	31	31	30	31	30	30	29
4. 文化传媒与体育	21	26	28	26	26	26	27
5. 医疗	31	30	30	30	30	29	30
6. 环保	19	20	22	25	25	24	28

第4章 晋升动机与政府财务信息披露质量

4.1 问题引入

财政透明既是政府善治的首要特征（IMF，1998；OECD，2001；UN，2010），也是政府履行公共受托责任的关键。政府善治的核心问题是，如何通过制度安排和契约协议设计恰当的机制，确保作为代理人的政府官员决策行为符合作为委托人的公众利益，尽可能地降低代理成本。为了缓解信息不对称，社会公众及其立法机构有权要求政府及时、充分、真实地报告公共资源的使用过程与结果。政府通过向公众披露财务信息履行其公共受托责任（GASB，1987）。可见，有效规范地方政府财务信息公开行为，激励官员提升披露质量，是实现政府善治的重要举措。

2009年以来，中国逐步将政府财务信息公开提升至国家治理能力现代化的重要高度①，并通过自上而下稳步推进的政府财务信息公开改革，实施有效监督、强化预算约束、规范政府行为。在中央的统一部署下，财政部多次下文，制度化规范地方政府财务信息披露行为，提升财务信息披露

① 引自2016年8月24日财政部预算司有关负责人就预算公开问题答记者问“预算公开迈出实质性步伐”，详见 http：//yss. mof. gov. cn/zhengwuxinxi/gongzuodongtai/201608/t20160824_2400674. html。

质量[①]。各级政府及所属部门也积极响应，陆续向全社会公开了预决算报告。但从各地历年的财务信息公开情况来看，地方政府的财务信息披露质量仍在及时性、翔实性、可比性、可获取性等方面，呈现出地域分布和年度分布上的较大差异。披露质量的异质性引发了一些有关公共受托责任理论的本源性探讨：在现有制度框架下，影响中国地方政府财务信息披露质量的关键因素究竟是什么？除了遵从中央的统一部署外，地方领导人的效用目标会对地方财务信息披露决策产生何种影响？为何按照中央统一的信息披露要求，一些地方政府在一些特定年份会主动披露更高质量的财务信息，如在报告中作更详细的说明，以及提供更多的可比信息等？

中国的制度背景不同于西方国家，地方政府财务信息披露质量的影响因素难以直接套用西方文献的结论：一方面，中国采用一党执政和中央集权的管理体制，地方领导人既需要对中央和上级负责（对上负责），同时要对社会公众负责（对下负责）。地方领导人兼具西方文献中任命官员和民选官员的双重特征。地方领导人的个人效用目标，在其任职的不同阶段，会通过上述两种身份的转换而发生交替性变化，甚至可能呈现出某种周期性的表现。另一方面，不同于西方国家地方政府出于政治目的或者融资目的自主进行的财务信息披露，中国的预决算公开改革由中央政府自上而下统一推动，地方政府在进行财务信息披露时，既包括严格按照中央和上级规定强制披露的部分，也包括地方领导人根据当地实际情况和自身效用而自愿披露的部分，即中国地方政府的财务信息披露兼具强制性和自愿性的双重特征。这与西方文献单纯分析官员动机对地方政府财务信息披露的影响机制存在较大差异。

为了尝试性地探究中国地方政府财务信息披露决策的影响因素，我们在手工收集并计算了省级政府财务信息披露质量数据基础上，区分了强制披露质量和自愿披露质量，并以此为基础，观测省级领导人效用目标的动态调整对地方政府财务信息披露策略产生的影响。在地方政府披露的财务

① 如财政部 2010 年发布了《财政部关于进一步做好预算信息公开工作的指导意见》（财预〔2010〕31 号），2014 年发布了《关于深入推进地方预决算公开工作的通知》（财预〔2014〕36 号），2016 年发布了《关于印发〈地方预决算公开操作规程〉的通知》（财预〔2016〕143 号），均对地方决算披露标准作了具体规定。

信息中，决算报告是其重要的组成部分。不同于预算报告仅披露资金使用的规划，决算报告更强调资金使用的实际结果，实际上与西方政府披露的政府财务报告更为类似。政府充分披露决算报告将有助于委托人判断政府决策行为是否符合公共利益，并对其进行更为精确的事后评价与奖惩，进而规范其行为。因而我们选择政府决算信息披露作为主要的财务信息披露研究对象。实证结果发现：受领导人效用目标周期性调整的影响，地方财务信息披露质量在领导人的任职期间呈现出先降后升的现象。具体而言，在任期的首年和末年，领导人的晋升目标和声誉目标发挥主导作用，地方财务信息的自愿披露质量相对较高；在任期的其他年份，领导人的可支配预算最大化目标发挥主导作用，地方政府财务信息的自愿披露质量相对较低。而地方政府财务信息的强制披露质量则未见上述现象。这一结论在任期的二次项模型和一次项模型（分别控制任期首年和任期末年）中保持一致，并在控制政治周期，以及剔除可能的财务“粉饰”样本后，结果依旧保持稳健。执政业绩较好、晋升机会可预期是官员效用目标激励其主动提升财务信息披露质量的两大前置条件。进一步分析后发现：对于同样面临晋升机会的领导人而言，晋升压力越大，该省级政府财务信息的自愿披露质量越高。在地方政府财务信息披露的后果检验中，省级政府领导人在面临晋升机会时主动提升财务信息披露质量，导致了媒体关注度的显著增加。

4.2　制度背景与理论分析

4.2.1　中国地方政府财务信息公开现状

政府财务信息公开是政府治理，增强公众的政府预算参与和监督能力，确保政府按照人民利益行事的重要举措。近十年来，中国政府一直致力于推动预决算公开，努力打造透明政府与阳光财政。2007 年 4 月，国务院正式发布《中华人民共和国政府信息公开条例》，首次将财政预算与决算报告纳入应重点公开政府信息的范围。2008 年 9 月，财政部发布了《财政部关于进一步推进财政预算信息公开的指导意见》，明确要求中央部委和省级政府公开预决算报告，并就公开的内容与方式作了初步的指导性规定。中国政府财务信息公开改革正式拉开序幕。

2010 年 1 月，财政部发布《财政部关于进一步做好预算信息公开工作的指导意见》，专门从完整、真实、细化三个方面对各级政府的财务信息公开提出总体性要求。政府财务信息披露质量的概念初现雏形。2013 年 8 月和 2014 年 3 月财政部连续出台《财政部关于推进省以下预决算公开工作的通知》和《关于深入推进地方预决算公开工作的通知》，进一步对预决算公开的范围、程度、时间、形式、内容等作了具体规定①。在上述文件的基础上，2016 年 10 月，财政部正式发布了《地方预决算公开操作规程》，从操作层面对地方政府预决算公开流程作了详细要求。财政部的上述意见、通知和规程不仅从制度层面规范了政府财务信息公开行为，更为各利益主体科学评价地方政府财务信息披露质量提供了制度依据。

政府决算报告是政府财务信息披露的重要对象，它代表着地方政府财政资金的实际收支情况，类似于西方国家的政府综合财务报告，其披露决策更容易受到官员晋升动机的影响。政府决算报告通常会披露地方政府财政收入与支出的总量、增减、流向与结构等信息。相对于其他类型的政府报告，决算报告对于上级政府与社会公众综合评价地方政府业绩而言，至少具有以下优势：（1）不同于预算报告仅代表着财政资金的使用计划，决算报告侧重于展示地方政策的实际执行过程与结果，更便于利益相关者对政府决策作出事后评价；（2）决算报告的格式统一且以货币计量为基础，更有利于在地区间进行横向数据比较；（3）决算报告能够较全面地反映地方财政状况、财政收入的总量与结构。因此，相对于单纯的地区间 GDP 排名②、GDP 增长率或完成率等单一指标，或者政府工作报告而言，决算报告公开既有助于地方政府履行公共受托责任，也更有利于上级和公众综合评价地方

---

① 以“三公”经费决算公开为例，《关于深入推进地方预决算公开工作的通知》明确要求，“三公”经费决算公开要细化说明因公出国（境）团组数及人数，公务用车购置数及保有量，国内公务接待的批次、人数、经费总额，以及“三公”经费增减变化原因等信息。

② 在政府预决算公开改革之前，地方政府通常采用包含省级经济发展相对排名的政府工作报告来展现领导人的执政业绩（Li 和 Zhou，2006）。

领导人的执政业绩，判断地方政策是否符合公众利益及其有效性。基于此，我们选择政府决算报告作为政府财务信息披露的主要研究对象。

4.2.2 官员效用目标周期性调整与财务信息披露策略

经典公共选择理论在分析官员效用目标时，主要分析了任命官员的可支配预算最大化目标和民选官员的选票最大化目标。其中，任命官员为了实现可支配预算最大化目标，可能会选择在政府与其利益相关者之间保持信息优势，从而降低了政府财务信息披露质量（Niskanen，1971；Gonzalez 和 Mehay，1985）；民选官员为了实现选票最大化目标，需要向公众或者上级展现其执政业绩并获得公共声誉，从而提升了政府财务信息披露质量（Ingram，1984；Baber 和 Sen，1984）。但中国采用一党执政和中央集权的政治体制，地方领导人既需要对中央和上级负责（对上负责），同时要对社会公众负责（对下负责）。地方领导人兼具任命官员和民选官员的双重特征。地方领导人的效用目标，通过上述两种身份的转换而发生交替性变化，在任期中呈现出某种周期性的表现，进而影响地方政府作出不同的财务信息披露策略。

4.2.2.1 任职初期与末期的披露策略：声誉与晋升目标

晋升是中国官员职业生涯中首要的效用目标。地方领导人由上级党委和政府任命，并对上级负责（Guo，2009）。在这种自上而下的纵向管理体制下，官员在党政系统内部的人才晋升通道之外，难以存在其他的职业选择（Li 和 Zhou，2006）。职务晋升近乎成为官员进入更高精英阶层的唯一路径（Guo，2007）。对于官员而言，取得职务或者晋升职级意味着拥有了更大的权力，相反，职业生涯的终止则意味着权力的丧失。在职与否和职位高低带来个人效用的巨大差异极大地激励地方领导人追求晋升。此外，受到晋升目标的影响，地方领导人逐步开始重视辖区内的民意，通过制定并实施更大程度符合当地公众利益的政策，期望获得公众的拥戴和支持，提高公共声誉。在中国的制度背景下，基层民意和公共声誉并非上级决定地方领导人政治升迁时的直接依据。但实践中，上级在选拔官员时通常不会太偏离基层民意，民众的拥戴程度仍旧是上级考虑的一个重要因素

（Guo，2009）。

为了获得良好声誉，提升晋升概率，地方领导人需要向上级与公众展现执政期间的综合业绩。长期以来，经济业绩一直是中央和上级党委决定地方领导人晋升的主要依据（周黎安，2007）。为了建立有利于经济发展的激励机制，中央政府通过晋升制度安排将地方领导人的职业升迁和辖区内的经济发展紧密联系起来（Guo，2009），进而形成了中国独有的官员“晋升锦标赛”治理模式。近年来，随着“可持续发展”“绿色 GDP”等观念深入人心，环境治理、社会保障、教育文化、医疗卫生等社会公众高度关注的非经济指标也逐步进入官员晋升的综合考核体系中，地方领导人将实现单一经济发展目标转化为提升综合执政业绩，政府决策既要获得上级认可，也要让公众满意。政府财务信息具备数据客观、信息量化、内容综合等优势，是地方领导人展现其综合执政业绩的恰当载体。

在任职初期，理性的地方领导人会采取超过财政部最低标准的方式公开政府财务信息，以期获得以下两方面的收益：一方面，通过充分披露上年的政府财务信息，能明确上期初期的当地基本业绩情况，作为任期结束时的业绩比较标尺。另一方面，上任首年公布的财务信息往往体现前任领导人任期内的业绩或问题。新任领导人通过更充分地披露，能够尽可能地暴露前任领导人执政期间存在的问题，以便划分前后任领导人之间的问题界限。

在任职末期，在执政业绩较好且晋升机会可预期的前提下①，地方领导人也将采取超过财政部最低标准的方式公开财务信息，并获得以下两方面收益：一是通过更高质量地公开政府财务信息，能够向上级展示其执政能力和才干。地方领导人难以通过私人信息传递渠道向上级展示其执政能力资讯时，地方政府更大程度地公开政府财务信息，将有利于得到上级领导的关注和认可，有助于地方领导人获得晋升机会。二是通过在政府财务信息中自愿披露更详细的民生支出信息及附加说明，地方领导人还能够向辖区民众展示其在提升民生福利等方面作出的努力，获得民众的拥戴和支

① 晋升机会可预期是指，地方领导人按照正常的政治周期任职，在任期末期可预测潜在的晋升机会。晋升机会可预期排除了领导人在未完成任期而被调离原岗位的情形。在这种情形下，领导人无法预期晋升机会，也就难以通过有策略地披露决算来展现执政业绩。

持，提高领导人的公共声誉。

4.2.2.2 任职中期的披露策略：可支配预算最大化目标

在任职的中期，由于缺乏晋升目标的激励，地方领导人的可支配预算最大化目标是效用函数的主导因素。降低财务信息披露质量，保持与上级和公众之间的信息优势是该阶段地方领导人的主要披露策略。地方领导人的薪酬、福利、工作环境、权力、社会影响和政府产出等个人效用要素均与其在任期间的可支配预算规模及其流向密切相关。为了获得更大的个人效用，地方领导人将会争取更大规模的可支配预算，并可能偏离公众利益，将其中的部分预算用于实现个人效用目标。例如，将有限的财政资金分配在基础设施建设等 GDP 增长领域，而非用于辖区内居民的民生性开支，能够快速提升当地的经济发展速度，增加地方政府的显性产出水平。地方领导人为了实现这些个人效用，将不得不保持相对其他利益主体的信息优势，形成公共物品生产与消费供求关系中的“双边信息垄断能力”（Niskanen，1971；Gonzalez 和 Mehay，1985），规避上级和公众对政府资金使用的监督。可见，地方领导人在任职中期，需要通过较低的财务信息披露质量维持信息优势，最大限度地实现可支配预算最大化目标。

综合上述分析，地方领导人在任职周期中会动态调整其效用目标，进而在任期的不同阶段，采取不同的财务信息披露策略，获得最大化的个人效用。在上任之初，地方领导人会为任期结束时的业绩展示作期初准备，较大程度地公开政府财务信息，明确任期内的业绩起点。随着任期的推移，地方领导人可支配预算最大化目标在财务信息披露决策中处于主导地位，为了规避上级和公众的监管，保持相对的信息优势地位，地方政府将会一定程度地降低财务信息披露质量。在任期的末期，如果地方政府业绩较好且领导人能够预测潜在的晋升机会，领导人将会策略性地提升财务信息披露质量，向上级和公众彰显任期内的业绩，以增加未来获得晋升的概率。基于此提出我们的核心假设 1：

假设 1：在晋升激励下，省级领导人会策略性地决定政府财务信息披露质量。省级政府的财务信息披露质量随领导任期变化将呈现出先降后升的现象。

4.3 研究设计

4.3.1 样本选择

我们选择 2011—2015 年全国 31 个省级行政区作为研究样本，包括各省、自治区和直辖市（剔除了台湾、香港特别行政区和澳门特别行政区）。中央政府 2010 年发布了《财政部关于进一步做好预算信息公开工作的指导意见》，要求各级政府部门要主动向社会公开预算和决算报告及相应附表。这意味着从 2010 年开始，各省级政府需要向社会公众公开预算报告和决算报告。但在收集省级政府公开的预决算报告时发现，部分省份未公开 2010 年政府决算报告，样本缺失较多。因此，我们将 2011 年作为研究的起始年度。

4.3.2 政府财务信息披露质量的衡量

如前所述，政府预算报告仅披露未来资金的使用计划，且在实际使用过程中可对资金使用安排进行一定的调整。政府决算报告反映实际的政府财政收支，强调资金使用的实际结果，在报告内容上更类似西方国家的政府综合财务报告。相比预算报告，决算报告更有助于上级政府和公众了解政府的资金使用情况，评价官员的实际业绩。鉴于此，我们选择政府决算报告作为主要的研究对象。参考已有文献（Pérez 等，2008，Cuny，2016）以及财政部有关地方政府信息披露指引（《关于进一步做好预算信息公开工作的指导意见》（财预〔2010〕31 号）和《关于深入推进地方预决算公开工作的通知》（财预〔2014〕36 号）中有关决算披露内容和公开方式的具体规定，我们从强制信息披露和自愿信息披露两个维度分别衡量政府财务信息披露质量。

首先，我们对照财政部关于地方政府预决算公开规范的文件，将规范中明确提出的披露要求作为地方政府财务信息强制披露质量，而将规范中未作明确要求，但部分省级政府出于方便阅读与分析的考虑，主动采取超过规范要求的财务信息披露行为作为地方财务信息的自愿披露质量。其次，我们参考已有文献对公司财务信息披露质量（Ashbaugh 等，1999；Hedlin，1999）和政府财务信息披露质量（Ingram，1984；Cuny，2016）的度量方式，采用二分法（0 和 1）构建政府财务信息披露质量指标：（1）强制披露质量。强制披露质量包括三个维度：完整性、及时性和信息获取的便利性。其中，完整性包含 11 个项目，及时性包含 1 个项目，信息获取的便利性包含 1 个项目。各项目均赋值 1 分，合计 13 分。（2）自愿披露质量。自愿披露质量包括四个维度：可比性、可理解性、其他获取渠道和信息处理的便利性。其中，可比性包含 12 个项目，可理解性包括 2 个项目，其他获取渠道包括 2 个项目，信息处理的便利性包括 1 个项目。各项目均赋值 1 分，合计 17 分。详细赋值情况如表 4－1 所示。需要说明的是，财务信息强制披露质量是中央要求地方政府进行财务信息披露的最低标准。各省政府及其主要官员均需对照该标准进行财务信息公开。强制披露质量较难受到官员政治激励的影响，但自愿披露质量不是中央的硬性规定，各省级政府的官员在披露财务信息时，既可以采取更高标准，也可以仅满足中央的最低要求，地方官员在自愿披露质量上具有较大的自由裁量空间，自愿披露质量的高低直接受到地方领导人动机及其背后的政治激励因素影响。鉴于此，地方政府财务信息的自愿披露质量是我们的主要考察对象。

表 4－1　政府财务信息披露质量衡量方式

质量特征		指标名称	指标定义
强制披露	完整性	决算报告	是否公开决算报告，是赋值 1，否则赋值 0
		转移支付情况说明	决算报告是否说明政府转移支付情况，是赋值 1，否则赋值 0
		“三公”经费信息	是否公开“三公”经费信息，是赋值 1，否则赋值 0
		一般公共预算信息	决算报告是否披露一般公共预算信息，是赋值 1，否则赋值 0
		政府基金预算信息	决算报告是否披露政府性基金预算信息，是赋值 1，否则赋值 0
		国有资本预算信息	决算报告是否披露国有资本经营预算信息，是赋值 1，否则赋值 0
		社保基金预算信息	决算报告是否披露社保基金预算信息，是赋值 1，否则赋值 0
		一般公共预算收支表	是否披露一般公共预算收支表，是赋值 1，否则赋值 0
		政府性基金收支表	是否披露政府性基金收支表，是赋值 1，否则赋值 0
		国有资本预算收支表	是否披露国有资本经营预算收支表，是赋值 1，否则赋值 0
		社保基金预算收支表	是否披露社保基金预算收支表，是赋值 1，否则赋值 0

续表

质量特征		指标名称	指标定义
强制披露	及时性	人大批准 20 日内公开	是否在经过人大批准后 20 日内公开，是赋值 1，否则赋值 0
	便利性	政府门户网站公开	预算报告是否通过政府门户网站公开，是赋值 1，否则赋值 0
自愿披露	可比性	一般预算收入可比	是否提供一般预算收入相比上年增长信息，是赋值 1，否则赋值 0
			是否提供一般预算收入与预算差异信息，是赋值 1，否则赋值 0
			是否提供一般预算收入与预算执行差异信息，是赋值 1 否则赋值 0
		收入类级科目可比	是否提供收入类级科目相比上年增长信息，是赋值 1，否则赋值 0
			是否提供收入类级科目与预算差异信息，是赋值 1，否则赋值 0
			是否提供收入类级科目与预算执行差异信息，是赋值 1 否则赋值 0
		一般预算支出可比	是否提供一般预算支出相比上年增长信息，是赋值 1，否则赋值 0
			是否提供一般预算支出与预算差异信息，是赋值 1，否则赋值 0
			是否提供一般预算支出与预算执行差异信息，是赋值 1 否则赋值 0
		支出类级科目可比	是否提供支出类级科目相比上年增长信息，是赋值 1，否则赋值 0
			是否提供支出类级科目与预算差异信息，是赋值 1，否则赋值 0
			是否提供支出类级科目与预算执行差异信息，是赋值 1 否则赋值 0
	可理解性	字符数	决算报告字符总数/最大报告字符数
		图表数	决算报告是否提供的图表，是赋值 1，否则赋值 0
	便利性	财政厅	当地政府财政厅网站是否提供政府决算信息，是赋值 1，否则赋值 0
		人大	当地政府人大网站是否提供政府决算信息，是赋值 1，否则赋值 0
		是否有 Excel	政府是否提供 Excel 格式的表格数据，是赋值 1，否则赋值 0

此外，财务信息的可比性在整个自愿披露质量中占比最大（总分 17，可比性占 12 分）。而且政府财务信息中提供更具可比性的信息，意味着报告的使用者能够更加直观、便捷地了解到政府收支存量与结构的变化等信息，以及变化的原因等重要信息，更有助于报告使用者（特别是上级领导

和社会公众）评价地方官员的执政业绩。因此，我们单独考察了官员的政治激励对政府财务信息可比性的影响。最后，出于结果稳健的考虑，参考 Cheng 等（2016）的做法，我们也以标准化方式重新计算了各省级政府财务信息披露质量的总分，以补充简单加总披露质量总分可能对回归结果带来的偏误。具体做法是，我们将自愿（强制）披露质量中各维度的得分与均值相减，除以样本标准误，再将标准化后的各维度分值加总，得到标准化的自愿（强制）披露质量总分，重新带入回归模型，对分析结果进行验证。

4.3.3 地方领导人晋升激励的衡量

首先，我们主要考察省级政府行政首长（直辖市市长、省长、自治区主席）的政治激励对省级政府财务信息披露质量的影响。选择行政首长作为观察对象基于两点考虑：第一，依照中国政府财政预决算资金使用与管理的相关规定[①]，地方行政首长是政府各项经费使用的第一责任人。地方政府的财务信息披露行为会直接受到行政首长动机的影响。第二，晋升是中国地方官员政治激励中最重要的组成部分。但省级党委书记（包括省委书记、直辖市市委书记、自治区党委书记）与省级行政首长（包括直辖市市长、自治区主席）面临的晋升激励程度存在差异。参照 Li 和 Zhou（2006）的做法，我们将省长变更为省级党委书记、国务委员、中央政治局委员、中央政治局常委、副总理和总理、全国人大常委会副委员长和委员长、全国政协副主席和主席等国家级领导职位视为晋升。按照上述逻辑，我们统计了样本区间内省级行政首长和省级党委书记的晋升情况。结果发现，省级行政首长的晋升比例为 54.5%（详见表 4-2），超过半数的省级行政首长在任期结束后获得了晋升。而省级党委书记的晋升比例仅有 10.71%，绝大多数省级党委书记在任期结束后，并未获得晋升。该结果说明，相比省级党委书记，省级行政首长在任期内面临更多的晋升机会和更强的晋升激励。综合上述两方面的考虑，我们最终选择省级行政首长作为

① 例如，《国务院办公厅关于对贯彻落实"约法三章"进一步加强督促检查的意见》（国办发〔2013〕105 号）中明确指出，各地区、部门行政首长为政府经费使用的第一责任人。

政治激励的主要观察对象，考察省级行政首长的晋升激励对政府财务信息披露质量的影响。

表 4 – 2　省级行政首长与省级党委书记晋升比例

	总人数	晋升人数	晋升比例
省级行政首长	55	30	54.5%
省级党委书记	56	6	10.71%

其次，我们主要以省级行政首长的任职年限作为晋升动机的主要代理变量。任职年限是影响官员执政行为及晋升动机的重要因素（王贤彬和徐现祥，2008；曹春方等，2014）。官员不可能在短期内获得晋升，新上任的官员需要花费时间与精力熟悉工作环境，此时官员的晋升动机并不强烈。同时，较短的任职年限也无法体现官员的努力和绩效（Guo，2007）。随着任职年限增加，官员的工作经验也随之提升，反过来可能会提升官员的晋升机会（Li 和 Zhou，2006）。曹春方等（2014）的研究也发现，官员任期届满时更有动机谋求晋升机会。基于此，我们从任职年限角度来衡量官员的晋升激励。但也有文献发现，在同一职位任职时间过长也可能是官员能力不足的一种表现（Li 和 Zhou，2006），任职年限较长的官员可能意识到晋升希望渺茫，降低晋升动机。因此在整个任期中，官员晋升激励可能呈现出一个非线性的变化，为了准确衡量任期中不同阶段官员的晋升激励，我们参考已有文献（Li 和 Zhou，2006；韩超等，2016）的做法，在模型中同时加入任职年限和任职年限的二次项，以此考察官员晋升激励对政府财务信息披露质量的影响。

4.3.4　模型与变量定义

我们借鉴 Li 和 Zhou（2006）的研究方法，构建如下模型：

$$\text{Disclosure} = \beta_0 + \beta_1 \text{Tenure} + \beta_2 \text{Tenure\_sqr} + \text{Controls} + \delta + \sigma + \varepsilon \quad (4-1)$$

模型中的变量定义如表 4 – 3 所示。其中，主要的被解释变量 Disclosure 为省级政府财务信息披露质量，在实际回归中，我们分别放入自愿信息披露质量（VQ1 和 VQ2）、强制信息披露质量（MQ1 和 MQ2）以及可比信息披露质量（Com），考察官员晋升激励对不同类型披露质量的影响。

Tenure 和 Tenure_sqr 为模型的主要解释变量，表示省级行政首长的任期和任期二次项，作为晋升激励的代理变量。

表 4－3 变量定义表

变量名称		定义
被解释变量	VQ1	政府财务信息自愿披露质量得分
	VQ2	标准化后的自愿披露质量得分
	MQ1	政府财务信息强制披露质量得分
	MQ2	标准化后的强制披露质量得分
	Com	可比性得分总分，收入可比性与支出可比性得分之和
解释变量	Tenure	省级行政首长的任职年限
	Tenure_sqr	省级行政首长任职年限的二次项
官员特征	Age	省级行政首长上任年龄（岁）
	Age_sqr	省级行政首长上任年龄的二次项
	2nd－term	省级行政首长是否为第二个任期，是取 1，否则取 0
	Edu	官员是否有经管专业背景，是赋值 1，否则赋值 0
特区特征	Goal	省级政府当年实际 GDP 增长率与 GDP 增长目标的差额
	Population	人口规模，取对数处理
	Dbt	负债水平，年末金融机构贷款余额/GDP
	Baidu	公众对地区政府信息披露的百度搜索指数，加 1 取对数处理
	News	新闻媒体对地区政府信息披露报道的新闻数量，加 1 取对数处理
	Audit	审计整改率，审计问题整改数/审计发现问题数
	Expense	地区财政支出，取对数处理
	Welfare	地区福利支出占财政支出的比重
固定效应	Province FE	省份固定效应
	Year FE	年度固定效应

Controls 为一系列控制变量，包括官员个人层面和地区层面的特征。首先，我们控制了官员上任年龄。韩超等（2016）的研究发现，官员上任年龄与其行为决策存在显著的非线性关系。上任年龄越大，官员上任后越迫切期望获得晋升。但上任年龄大到一定程度后，官员该任期卸任后将面临退休，无法再获得晋升机会，晋升激励下降。总体而言，晋升激励会随着上任年龄呈现出先增后减的趋势。为此，我们在模型中控制了官员上任年龄和上任年龄的二次项。其次，我们控制了官员任期的届次。官员第二

届任期的晋升激励与首届任期可能存在差异（Li 和 Zhou，2006）。再次，政府审计（Carpenter，2004；Rita，1992）、政府财务状况（Ríos 等，2013）和负债水平（Robbins 和 Austin，1986；Gore，2004）均可能影响政府信息披露质量，我们在模型中控制了审计整改率（Audit）、政府负债水平（Dbt）、地区财政支出（Expense）和福利支出占比（Welfare）。最后，我们还控制了地区经济业绩（Goal）、人口规模（Population）、媒体关注（News）和公众关注（Baidu）等可能影响地方政府财务信息披露行为的变量。δ 为地区层面的固定效应，用于控制不同省份间异质性因素带来的影响；σ 为年度固定效应；ε 是随机扰动项。

官员特征数据来源于 CSMAR 数据库中的省市领导人特征文件，并结合百度百科等检索引擎手工收集和补充整理。地区层面的特征变量来源于《中国统计年鉴》，审计变量来源于《中国审计年鉴》，地方财政数据来源于 WIND 数据库。此外，我们以“三公”为关键词搜集了不同地区的百度指数，以此衡量各地区公众对政府财务信息公开的关注程度。同时，我们还以“省份名 + 三公”为关键词搜集了百度新闻报道数量，以此衡量不同地区新闻媒体对政府财务信息公开的关注程度。剔除控制变量有缺省值的样本后，最终有 155 个省/年度样本。为了缓解异常值影响，我们对所有连续变量进行了 1% 和 99% 分位数的缩尾处理。

主要变量描述性统计见表 4 - 4。其中，政府财务信息自愿披露质量均值为 7.20，标准差为 2.68，最小值和最大值分别为 1 和 12.29，说明不同地区政府自愿披露质量存在显著差异，这些差异是否与官员晋升激励有关将是我们关注的重点。此外，官员任期数据分布结果显示，2011—2015 年 31 个省级行政区域中共有 63 位省级行政首长（其中 55 位已离职），其任职年限最短为 1 年，最长为 10 年，大部分省级行政首长任职年限集中在 1—5 年，大约占全部样本的 89%。

表 4 - 4　主要变量描述性统计

Variables	N	mean	min	p25	p50	p75	max	sd
VQ1	155	7.200	1	6.100	7.240	9.150	12.29	2.680
VQ2	155	2.220	-3.780	0.880	2.260	3.980	8.450	2.730

续表

Variables	N	mean	min	p25	p50	p75	max	sd
MQ1	155	8.490	0	7	9	11	13	3.280
MQ2	155	1.830	-4.530	0.250	2.220	3.920	5.290	2.490
Com	155	4.770	0	4	5	6	9	2.380
Age	155	56.72	46	54	58	59	64	3.570
Tenure	155	3.020	1	1	3	4	10	1.880
2nd - term	155	0.100	0	0	0	0	1	0.310
Edu	155	0.650	0	0	1	1	1	0.480
Goal	155	-0.100	-3.900	-0.990	0	0.500	3.800	1.460
Population	155	8.110	5.730	7.790	8.240	8.700	9.280	0.850
Audit	155	0.690	0.130	0.610	0.690	0.790	0.930	0.140
Dbt	155	1.230	0.680	0.930	1.140	1.440	2.520	0.410
News	155	4.730	1.390	4.040	4.990	5.670	7.230	1.310
Baidu	155	4.270	1.790	4.040	4.380	4.700	5.620	0.680
Expense	155	15.83	14.75	15.60	15.79	16.04	17.03	0.430
Welfare	155	0.390	0.250	0.370	0.400	0.420	0.460	0.0400

此外，在回归分析之前，本部分初步拟合了省级行政首长政府届期（五年）中的年限与政府财务信息披露质量之间的变动趋势图（详见图4-1和图4-2）。在控制了时间趋势和地区特征后，政府财务信息的强制披露质量随着行政首长的任期推移呈现出逐步降低趋势，而自愿披露质量则呈现出先降后升的趋势。需要特别指出的是，在拟合过程中，本部分发现强制披露质量拟合模型中的时间趋势变量系数在1%的水平上显著为正（T值=5.50）。这说明，随着中央对地方政府预决算公开改革的深入推进，省级政府财务信息的强制披露质量逐年显著提升。这与实际情况完全吻合。但剔除时间趋势和地区特征后，行政首长并未在面临政府届期结束时提升财务信息强制披露质量，甚至提升意愿随着任期推移有所下降。而自愿披露质量拟合模型中的时间趋势变量系数未达到显著性水平，自愿披露质量未随着时间推移发生显著波动。但剔除时间趋势和地区特征后，行政首长在面临政府届期结束时，显著提升了政府财务信息的自愿披露质量。该图初步验证了前文的分析，即地方首长会在面临晋升机会时，会策略性

地提升政府财务信息的自愿披露质量（即超过财政部强制标准的部分），但财政部强制要求的那部分披露质量则未见该效应。

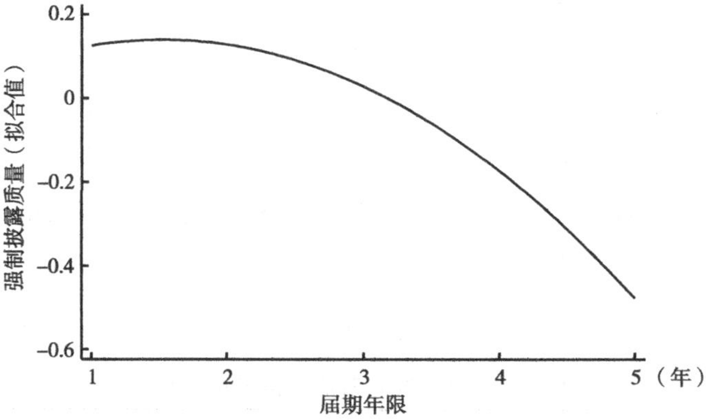

图 4 – 1　强制披露质量与届期年限

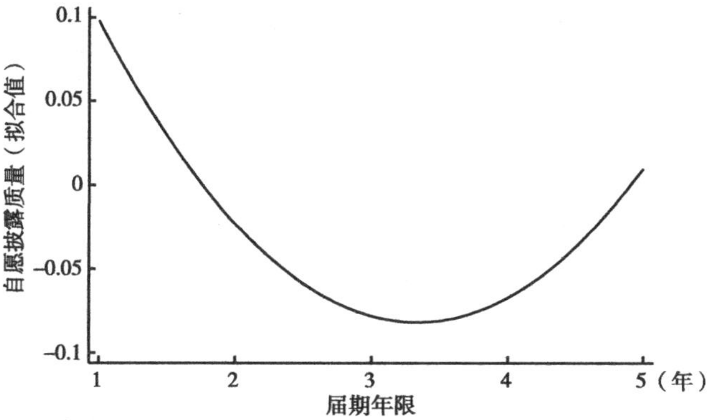

图 4 – 2　自愿披露质量与届期年限

4.4　实证结果

4.4.1　政治激励与政府财务信息披露质量

本部分观测了官员政治激励对政府财务信息自愿披露质量的影响（见表 4 – 5）。列（1）和列（2）分别是自愿披露质量总分及其标准化后总分的分析结果，列（3）是可比性总分的分析结果，列（4）和列（5）分别是强制披露总分及其标准化后总分的分析结果。列（1）与列（2）的估计结果显示，官员任职年限一次项系数（Tenure）在5%的水平上显著为负，二次项（Tenure_sqr）的系数在5%的水平上显著为正，说明省级行政首长上任时自发采取高质量标准披露财务信息。随着任期的推进，财务信息自愿披露质量下降，当接近任期末端时，省级行政首长会再次自发地提升财务信息披露质量。省级行政首长任职年限与财务信息自愿披露质量之间呈现出U形关系，与前文的理论分析完全一致。列（3）的估计结果与列（1）类似，省级行政首长任职年限与财务信息可比性之间呈现出U形关系。

表4-5　晋升激励与政府财务信息披露质量

Variables	(1) VQ1	(2) VQ2	(3) Com	(4) MQ1	(5) MQ2
Tenure	-0.553** (-2.32)	-0.512** (-2.17)	-0.444** (-2.08)	-0.145 (-0.47)	-0.122 (-0.52)
Tenure_sqr	0.085** (2.51)	0.090** (2.58)	0.061* (2.01)	0.019 (0.48)	0.017 (0.56)
Age	2.058 (1.04)	1.564 (0.83)	1.798 (1.08)	-0.526 (-0.46)	-0.222 (-0.26)
Age_sqr	-0.017 (-0.98)	-0.013 (-0.75)	-0.016 (-1.05)	0.006 (0.59)	0.003 (0.39)
2nd-term	-11.260 (-1.27)	-9.246 (-1.08)	-9.772 (-1.30)	3.885 (0.77)	2.128 (0.56)
Edu	1.023 (1.54)	1.138* (1.77)	0.772 (1.34)	0.665 (1.45)	0.433 (1.26)
Goal	0.168 (0.88)	0.173 (0.86)	0.131 (0.75)	0.203 (0.89)	0.146 (0.83)
Population	12.265 (0.68)	16.359 (0.92)	21.184 (1.29)	7.178 (0.37)	2.908 (0.21)
Audit	4.383 (1.13)	3.088 (0.87)	3.681 (1.00)	1.372 (0.53)	1.172 (0.60)
Dbt	6.685*** (5.19)	6.310*** (5.18)	5.174*** (4.28)	3.992*** (3.40)	2.899*** (3.26)
News	-0.264 (-1.14)	-0.244 (-0.99)	-0.215 (-1.15)	-0.154 (-0.90)	-0.063 (-0.46)

续表

Variables	(1) VQ1	(2) VQ2	(3) Com	(4) MQ1	(5) MQ2
Baidu	1.465 (0.47)	3.494 (0.90)	0.662 (0.25)	1.724 (0.78)	1.105 (0.63)
Expand	-0.859 (-1.05)	-1.687* (-2.02)	-0.420 (-0.56)	1.503* (1.72)	1.055 (1.52)
Welfare	3.233 (0.22)	2.609 (0.20)	4.625 (0.38)	4.266 (0.47)	4.108 (0.56)
Constant	-156.419 (-1.51)	-175.490 (-1.59)	-223.984** (-2.24)	-79.427 (-0.53)	-47.480 (-0.43)
Year FE	Yes	Yes	Yes	Yes	Yes
Province FE	Yes	Yes	Yes	Yes	Yes
Observations	155	155	155	155	155
R-squared	0.247	0.268	0.225	0.678	0.680

在列（4）与列（5）财务信息强制披露质量的回归结果中，官员任职年限一次项（Tenure）及其二次项（Tenure_sqr）的系数均不显著。这一发现说明，中央强制要求的披露质量是地方政府财务信息披露的最低标准，它很难受到省级行政首长晋升激励的显著影响。这也进一步证实了，政治激励影响的是官员具备自由裁量空间的那部分财务信息披露质量。

4.4.2　内生性与工具变量

上述回归结果可能存在遗漏变量的内生性问题，即可能存在某些无法观测到的官员特征变量，同时影响官员的任职年限和信息披露行为。为了解决这一可能的内生性问题，本部分选择在省长的任职期间内，是否发生省委书记更替（IV1）以及新上任的省委书记是否是中央政治局委员（IV2）两个变量作为官员任职年限的工具变量，使用两阶段最小二乘（2SLS）对假设进行检验。如果省长在任期间省委书记发生了更替，则 IV1 赋值 1，否则赋值 0；若新上任的省委书记是中央政治局委员，则 IV2 赋值 1，否则赋值 0。

省长与省委书记同为地方政府行政首长，互为搭档合作管理同一行政区域，省长任职期间内如果发生了省委书记更替，省长的任职时间可能会增加。新上任的省委书记从外地调入本省工作，对当地的经济与社会情况没有全面充分的了解，需要充分的时间适应新的工作任务和熟悉工作环境。但省长在当地已有一定的任职年限，对当地情况较为了解和熟悉，在省委书记发生更替时更有可能继续任职以确保当地社会与经济的稳定发展。若新上任的省委书记是中央政治局委员，该省委书记的行政级别更高，权力也更大，省长的任职时间可能会缩短。因此，省长任期内发生省委书记更替与省长任职年限显著正相关，新上任省委书记是否是中央政治局委员与省长任期显著负相关。此外，省委书记并不对政府信息披露直接负责，本部分也未在已有文献中发现中央政治局委员可能会影响政府信息披露质量的经验证据。基于此，本部分选择的上述两个变量作为官员任职年限的工具变量。

表4-6的列（1）和列（2）报告了一阶段的回归结果①。无论是官员任职年限还是任职年限平方项的回归，IV1与IV2均通过了1%的显著性检验，F统计值分别为23.26和28.78，均大于10的判别值，说明不存在弱工具变量的问题。列（3）至列（5）报告了第二阶段的回归结果。官员任职年限（Tenure）及其二次项（Tenure_sqr）依然显著且符号与表4-5一致，进一步验证了本部分的假设。

表4-6　工具变量回归

Variables	(1) Tenure	(2) Tenure_sqr	(3) VQ1	(4) VQ2	(5) Com
IV1	1.387 *** (3.89)	6.280 *** (2.73)			
IV2	-2.450 *** (-2.90)	-23.929 *** (-4.38)			
Tenure			-1.375 * (-1.71)	-1.368 * (-1.79)	-1.314 * (-1.81)
Tenure_sqr			0.323 *** (2.80)	0.319 *** (2.91)	0.282 *** (2.71)

① 本章剔除了在同一省长任职期间出现两次省委书记更替的样本，最终剩下133个样本。

续表

Variables	(1) Tenure	(2) Tenure_sqr	(3) VQ1	(4) VQ2	(5) Com
Age	0.514 (0.59)	-4.019 (-0.71)	4.552** (2.44)	4.477** (2.53)	4.151** (2.47)
Age_sqr	-0.006 (-0.74)	0.024 (0.47)	-0.038** (-2.29)	-0.038** (-2.36)	-0.035** (-2.35)
2nd - term	1.479 (0.36)	51.781* (1.97)	-28.699*** (-2.97)	-27.977*** (-3.04)	-25.647*** (-2.94)
Edu	-0.217 (-0.63)	-1.027 (-0.46)	0.187 (0.30)	-0.012 (-0.02)	0.339 (0.60)
Goal	0.181 (1.43)	0.817 (1.00)	0.318 (1.37)	0.355 (1.61)	0.287 (1.37)
Population	-0.323 (-1.18)	-2.433 (-1.37)	-0.189 (-0.36)	-0.383 (-0.77)	-0.130 (-0.28)
Audit	0.964 (0.69)	1.821 (0.20)	3.033 (1.26)	2.163 (0.94)	2.601 (1.20)
Dfct	2.785 (0.19)	17.203 (0.19)	46.829* (1.89)	54.139** (2.29)	38.464* (1.71)
Dbt	0.488 (0.47)	-0.471 (-0.07)	6.578*** (3.74)	6.132*** (3.67)	5.304*** (3.34)
News	0.073 (0.45)	0.674 (0.65)	-0.310 (-1.12)	-0.290 (-1.10)	-0.205 (-0.82)
Baidu	1.608 (0.94)	10.969 (1.00)	2.163 (0.71)	5.033* (1.73)	0.977 (0.35)
Expand	0.447 (0.69)	4.227 (1.01)	-1.423 (-1.25)	-2.251** (-2.09)	-0.930 (-0.91)
Welfare	0.892 (0.10)	-25.575 (-0.45)	10.079 (0.64)	14.477 (0.97)	9.858 (0.70)
_cons	-22.302 (-0.73)	62.275 (0.32)	-133.558** (-2.26)	-136.914** (-2.43)	-123.477** (-2.31)
Year FE	133	133	Yes	Yes	Yes
Province FE	Yes	Yes	Yes	Yes	Yes
N	Yes	Yes	133	133	133
F test	23.26	28.78			
Cragg Donald	8.799 > 10% maximal IV size				
Wald F	7.03				
R - squared			0.531	0.606	0.519

4.4.3 稳健性检验

4.4.3.1 更换任职年限的度量方式

我们在上述回归模型中同时加入了官员任职年限及任职年限的二次项，以考察官员晋升动机对政府财务信息披露质量的影响。在稳健性检验中，我们使用官员上任首年（First）与官员任期最后一年（Last）两个虚拟变量，来替换原模型中官员任职年限及其二次项，重新检验官员在上任初始年度和离任前年度是否更愿意提升政府财务信息披露质量。若样本为省级行政首长上任首年，即任期第一年，我们对 First 变量赋值 1，否则赋值 0；若样本为省级行政首长任期的最后一年，即离任前一年，本部分对 Last 变量赋值 1，否则赋值 0。同时，我们删除了在 2017 年以后离任的官员样本，该部分官员样本任期最后一年不在本部分的研究样本区间内。

回归结果如表 4－7 所示，First 变量的回归系数反映了官员上任首年财务信息披露质量与任期其余任职年度之间的差异，Last 变量的回归系数反映了官员任期最后一年财务信息披露质量与其余任职年度之间的差异。回归结果与前文一致，相比任期中的其他年度，官员在上任首年和离任前一年政府财务信息的自愿披露质量显著更高。

表 4－7 任职首年、任期最后一年与政府财务信息披露质量

Variables	(1) VQ1	(2) VQ2	(3) Com	(4) Com1	(5) Com2
First	1.229** (2.20)	1.307** (2.24)	0.849* (1.78)	0.237 (0.61)	0.611** (2.67)
Last	1.054* (1.71)	1.166* (1.93)	0.766 (1.45)	0.255 (0.57)	0.512** (2.15)
Age	3.234* (1.70)	2.560 (1.39)	2.819* (1.74)	1.352 (1.02)	1.467*** (2.86)
Age_sqr	-0.028 (-1.69)	-0.023 (-1.39)	-0.025* (-1.73)	-0.011 (-0.97)	-0.013*** (-2.89)
2nd-term	-15.620* (-1.81)	-12.637 (-1.47)	-13.677* (-1.88)	-6.611 (-1.13)	-7.066*** (-2.95)

续表

Variables	(1) VQ1	(2) VQ2	(3) Com	(4) Com1	(5) Com2
Edu	0. 378 (0. 60)	0. 488 (0. 85)	0. 182 (0. 33)	0. 169 (0. 50)	0. 013 (0. 04)
Goal	0. 061 (0. 32)	0. 084 (0. 44)	0. 032 (0. 17)	0. 037 (0. 24)	-0. 005 (-0. 06)
Population	8. 598 (0. 62)	14. 764 (1. 14)	18. 119 (1. 36)	13. 505 (1. 23)	4. 614 (0. 42)
Audit	5. 654 (1. 64)	4. 068 (1. 33)	4. 820 (1. 39)	3. 015 (1. 30)	1. 804 (1. 16)
Dbt	6. 944 *** (4. 60)	6. 397 *** (4. 69)	5. 442 *** (3. 83)	2. 655 ** (2. 14)	2. 787 *** (3. 35)
News	-0. 483 * (-1. 90)	-0. 497 * (-1. 91)	-0. 351 (-1. 59)	-0. 153 (-0. 69)	-0. 198 (-1. 57)
Baidu	4. 358 (1. 52)	7. 259 * (1. 94)	2. 394 (0. 99)	1. 918 (0. 97)	0. 475 (0. 46)
Expand	-0. 939 (-1. 09)	-1. 780 * (-1. 71)	-0. 420 (-0. 58)	0. 949 * (1. 84)	-1. 369 *** (-2. 98)
Welfare	13. 417 (1. 06)	13. 869 (1. 22)	12. 410 (1. 17)	3. 886 (0. 34)	8. 524 (1. 31)
Constant	-172. 487 * (-1. 92)	-205. 011 ** (-2. 17)	-237. 898 *** (-2. 77)	-174. 394 ** (-2. 21)	-63. 504 (-0. 76)
Year FE	Yes	Yes	Yes	Yes	Yes
Province FE	Yes	Yes	Yes	Yes	Yes
Observations	140	140	140	140	140
R - squared	0. 256	0. 286	0. 229	0. 158	0. 296

4. 4. 3. 2　控制政治周期可能的影响

在中国共产党的统一领导下，上级党委和政府掌握着下级官员的任命权。在每五年举行一次的党代会中，地方政府会经历较大规模的人事变动。在党代会召开前夕，地方官员可能存在更明确的晋升预期，并影响其决策行为。例如，Guo（2009）研究发现，中国地方政府官员在任职期间的关键时刻会战略性地增加政府支出。据此，本部分参考 Tao（2003）、余静雯等（2015）对政治周期的衡量方式，在控制变量中增加政治周期（Cycle）变量，该变量在省级党代会当年赋值 1，其余年度赋值 0。表 4－8 列示了控制政治周期后的回归结果，主要解释变量符号与显著性均未发生变化，回归结果与前述一致。

表 4－8　控制政治周期

Variables	(1) VQ1	(2) VQ2	(3) Com
Tenure	-0.553** (-2.32)	-0.512** (-2.17)	-0.444** (-2.08)
Tenure_sqr	0.085** (2.51)	0.090** (2.58)	0.061* (2.01)
Age	2.058 (1.04)	1.564 (0.83)	1.798 (1.08)
Age_sqr	-0.017 (-0.98)	-0.013 (-0.75)	-0.016 (-1.05)
2nd - term	-11.260 (-1.27)	-9.246 (-1.08)	-9.772 (-1.30)
Cycle	-2.693 (-1.31)	-3.467 (-1.53)	-2.304 (-1.30)
Edu	1.023 (1.54)	1.138* (1.77)	0.772 (1.34)
Goal	0.168 (0.88)	0.173 (0.86)	0.131 (0.75)
Population	12.265 (0.68)	16.359 (0.92)	21.184 (1.29)
Audit	4.383 (1.13)	3.088 (0.87)	3.681 (1.00)
Dbt	6.685*** (5.19)	6.310*** (5.18)	5.174*** (4.28)
News	-0.264 (-1.14)	-0.244 (-0.99)	-0.215 (-1.15)

续表

Variables	(1) VQ1	(2) VQ2	(3) Com
Baidu	1.465 (0.47)	3.494 (0.90)	0.662 (0.25)
Expand	-0.859 (-1.05)	-1.687* (-2.02)	-0.420 (-0.56)
Welfare	3.233 (0.22)	2.609 (0.20)	4.625 (0.38)
Constant	-156.419 (-1.51)	-175.490 (-1.59)	-223.984** (-2.24)
Year FE	Yes	Yes	Yes
Province FE	Yes	Yes	Yes
Observations	155	155	155
R-squared	0.247	0.268	0.225

4.4.3.3 剔除可能存在“粉饰”行为的样本

Lv 等（2018）发现，地方政府实际 GDP 增长率与预期增长目标之间差额的样本分布在 0 点位呈现出明显的断点，即官员可能会对 GDP 增长率进行策略性“粉饰”，以使地方政府的实际 GDP 增长率“恰好”达到预期目标。政府的财政收支与当地经济发展密切相关，财政支出数据最终也会反映到当地的 GDP 增长率中。如果官员采取某些方式对实际 GDP 增长率数据进行策略性调整，那么这些官员也具备动机对当地财政收支的决算数据进行调整。地方官员对财务数据的粉饰行为既有可能导致其降低披露质量，规避公众对粉饰数据的关注，又有可能提升披露质量，以便彰显粉饰后的业绩。这意味着，地方官员对财务数据的粉饰动机可能会干扰前文对政治激励与财务信息披露质量的实证分析结果。为了排除官员粉饰动机的潜在影响，我们剔除了可能存在财政数据策略性调整的省级样本，即省级实际 GDP 增长率与省级 GDP 增长目标之间差额等于 0 的样本，重新对本部分假设进行检验。如表 4-9 所示，省级行政首长任职年限（Trenure）变量的系数依然显著为负，任职年限二次项（Tenure_sqr）变量的系数也依然显著为正，结果与前文一致。

表 4-9 剔除可能对财政数据存在策略性管理的样本

Variables	(1) VQ1	(2) VQ2	(3) Com
Tenure	-0.746** (-2.44)	-0.718** (-2.30)	-0.517* (-1.86)
Tenure_sqr	0.127*** (3.08)	0.130*** (3.07)	0.089** (2.30)
Age	5.222*** (3.24)	4.615*** (3.14)	4.406*** (2.99)
Age_sqr	-0.045*** (-3.17)	-0.040*** (-3.05)	-0.038*** (-2.96)
2nd-term	-25.353*** (-3.52)	-22.907*** (-3.37)	-21.282*** (-3.22)
Edu	0.460 (0.74)	0.559 (0.96)	0.220 (0.39)
Goal	0.191 (0.90)	0.219 (0.99)	0.141 (0.75)
Population	-14.224 (-0.96)	-8.879 (-0.60)	-0.657 (-0.05)
Audit	6.160* (1.73)	4.598 (1.46)	5.538 (1.55)
Dbt	7.435*** (5.17)	6.722*** (4.93)	5.868*** (4.46)
News	-0.359 (-1.33)	-0.351 (-1.24)	-0.273 (-1.18)
Baidu	2.475 (0.80)	5.382 (1.30)	0.785 (0.30)
Expand	-0.645 (-0.93)	-1.486* (-1.81)	-0.327 (-0.51)
Welfare	4.126 (0.32)	5.250 (0.43)	4.986 (0.47)
Constant	-42.057 (-0.52)	-70.142 (-0.77)	-125.820 (-1.53)
Year FE	Yes	Yes	Yes
Province FE	Yes	Yes	Yes
Observations	132	132	132
R-squared	0.285	0.299	0.262

4.4.4　分组检验

如前所述，官员提升财务信息披露质量的主要动机是向上级和公众彰显较佳的执政业绩。执政期间业绩相对较好是地方官员面临晋升机会时主动提升财务信息披露质量的前置条件。本部分从 GDP 目标完成情况和审计涉案金额两方面分别衡量官员的执政业绩，考察在业绩较好与较差的地区，官员晋升激励对政府财务信息披露质量的不同影响。同时，使用官员是否在党代会中晋升来衡量官员对晋升是否有预期，检验存在晋升预期和不存在晋升预期时，官员晋升激励对政府财务信息披露质量的不同影响。

4.4.4.1　GDP 目标完成情况

本部分用官员任期最后一年的省级 GDP 增长率与目标 GDP 增长率的差额来衡量经济业绩。若官员任期最后一年中，实际 GDP 增长率大于或等于目标 GDP 增长率，说明官员当年超额或刚好完成了预定的经济增长目标，我们将其视为业绩较好的样本，若官员任期最后一年中，实际 GDP 增长率小于目标 GDP 增长率，我们将其视为业绩较差样本①。表 4 - 10 报告了经济业绩的分组回归结果，在经济业绩较好的样本组中，官员任职年限（Tenure）变量的系数显著为负，任职年限二次项（Tenure_sqr）变量的系数显著为正。而两个变量的系数在经济业绩较差的样本组均不显著。即官员任职年限与自愿披露质量之间的 U 形关系仅存在于业绩较好样本。表 4 - 10 结果说明，当面临晋升机会且经济业绩表现较好时，官员有动机提升财务信息披露质量，以此来彰显业绩。反之，当经济业绩表现较差时，即便面临晋升机会，官员也缺乏动机提升财务信息披露质量。

① 表 4 - 10 剔除了在 2017 年以后离任的官员样本，该部分官员样本任期最后一年不在本章的研究样本区间内，无法获取官员任期最后一年的经济业绩数据。因此样本数量仅为 140 个。

表 4-10 晋升激励、经济业绩与政府财务信息披露质量

Variables	(1)	(2)	(3)	(4)	(5)	(6)
	较好业绩			较差业绩		
	VQ1	VQ2	Com	VQ1	VQ2	Com
Tenure	-1.601*** (-4.28)	-1.446*** (-4.33)	-1.179*** (-3.36)	-0.777 (-0.74)	-0.686 (-0.74)	-0.679 (-0.66)
Tenure_sqr	0.156** (2.58)	0.167** (2.80)	0.108* (2.00)	-0.011 (-0.14)	0.010 (0.13)	-0.039 (-0.52)
Age	6.070*** (4.35)	5.915*** (7.79)	4.889*** (3.13)	-26.701 (-0.64)	-15.768 (-0.43)	-46.564 (-1.25)
Age_sqr	-0.055*** (-4.08)	-0.052*** (-7.03)	-0.044*** (-3.01)	0.218 (0.62)	0.129 (0.41)	0.385 (1.24)
2nd-term	-29.005*** (-5.34)	-29.205*** (-8.89)	-23.176*** (-3.67)	136.326 (0.66)	81.277 (0.44)	235.437 (1.28)
Edu	-1.939 (-1.53)	-2.410 (-1.51)	-1.151 (-1.09)	-2.053* (-1.89)	-1.245 (-1.25)	-2.158* (-2.09)
Goal	-0.363 (-0.67)	-0.249 (-0.48)	-0.382 (-0.80)	0.353 (0.79)	0.353 (0.86)	0.224 (0.56)
Population	-23.461* (-1.86)	-18.303 (-1.65)	0.384 (0.03)	-51.893 (-1.04)	-39.783 (-0.92)	-41.586 (-0.84)
Audit	-1.320 (-0.41)	-3.663 (-1.13)	-2.626 (-0.78)	10.149 (1.71)	9.028 (1.73)	8.842 (1.53)
Dbt	2.341 (0.45)	4.732 (0.87)	3.578 (0.76)	10.103*** (3.05)	9.555*** (3.28)	7.430** (2.13)
News	-1.010* (-1.80)	-1.262* (-2.03)	-0.876* (-1.80)	-0.220 (-0.54)	-0.261 (-0.72)	-0.112 (-0.31)
Baidu	10.426** (2.17)	16.076*** (3.23)	8.561* (2.01)	-2.296 (-0.43)	-1.648 (-0.32)	-3.776 (-0.76)
Expand	-1.469 (-1.21)	-2.052 (-1.57)	-0.616 (-0.50)	1.328 (1.21)	1.056 (1.11)	0.961 (0.90)
Welfare	39.331** (2.12)	46.031*** (2.88)	34.344 (1.68)	-29.572 (-1.01)	-23.848 (-0.96)	-23.558 (-0.92)
Constant	2.873 (0.03)	-57.867 (-0.50)	-164.723 (-1.39)	1225.661 (1.15)	789.534 (0.84)	1737.976* (1.84)
Year FE	Yes	Yes	Yes	Yes	Yes	Yes
Province FE	Yes	Yes	Yes	Yes	Yes	Yes
Observations	69	69	69	71	71	71
R-squared	0.546	0.631	0.516	0.313	0.315	0.303

4.4.4.2 审计涉案金额数

本部分统计了省级政府各年审计发现问题涉及金额数，并以此作为衡量政府业绩的另一指标。我们以审计发现问题涉及金额数的样本均值为基准，若官员任期最后一年审计发现问题涉及金额数高于样本均值，则视为执政业绩较差样本，若官员任期最后一年审计发现问题涉及金额数低于样本均值，则视为执政业绩较好样本，从审计结果视角再次考察执政业绩对自愿信息披露的影响。表 4 – 11 列示了分组回归结果，官员任职年限在审计涉案金额数较低（执政业绩较好）的样本组中呈现出显著的 U 形关系，在审计涉案金额数较高（执政业绩较差）的样本组中则未见上述结果。表 4 – 11 的结果说明，官员任职年限与财务信息自愿披露质量之间的 U 形关系仅存在于审计涉案金额较少样本组中。当审计查出问题涉及金额较多时，官员在财政资金使用过程中往往存在较多不合理或违规行为，即便面临晋升机会，官员也缺乏动机提升财务信息披露质量。

表 4 – 11 晋升激励、审计涉案金额与政府财务信息披露质量

Variables	(1)	(2)	(3)	(4)	(5)	(6)
	较好业绩			较差业绩		
	VQ1	VQ2	Com	VQ1	VQ2	Com
Tenure	−0.876**	−0.869*	−0.719*	0.184	0.098	0.373
	(−2.13)	(−2.04)	(−1.97)	(0.18)	(0.11)	(0.45)
Tenure_sqr	0.186**	0.179**	0.155**	−0.011	0.005	−0.024
	(2.75)	(2.42)	(2.48)	(−0.06)	(0.03)	(−0.17)
Age	6.104**	5.072	5.426*	6.912	7.615	7.925
	(2.10)	(1.64)	(1.91)	(0.25)	(0.33)	(0.30)
Age_sqr	−0.053*	−0.044	−0.048*	−0.038	−0.046	−0.054
	(−2.05)	(−1.60)	(−1.85)	(−0.15)	(−0.21)	(−0.22)
2nd – term	−34.514**	−29.152*	−30.646*	−26.626	−31.400	−32.903
	(−2.26)	(−1.80)	(−2.07)	(−0.20)	(−0.27)	(−0.25)
Edu	−0.030	−0.040	0.198	5.384	5.095	3.465
	(−0.04)	(−0.04)	(0.22)	(1.45)	(1.59)	(0.92)
Goal	0.012	0.152	−0.203	0.490	0.338	0.621*
	(0.03)	(0.35)	(−0.46)	(1.34)	(1.09)	(1.96)

续表

Variables	(1)	(2)	(3)	(4)	(5)	(6)
	较好业绩			较差业绩		
	VQ1	VQ2	Com	VQ1	VQ2	Com
Population	-4.093 (-0.20)	2.172 (0.10)	2.400 (0.12)	-20.229 (-0.31)	-20.324 (-0.35)	1.896 (0.03)
Audit	11.406* (2.05)	8.819 (1.65)	12.312** (2.41)	11.298** (2.59)	9.348** (2.54)	8.861** (2.19)
Dbt	7.672*** (3.14)	6.555*** (2.89)	7.150*** (3.14)	28.178*** (4.15)	25.951*** (3.75)	24.164*** (3.41)
News	-0.130 (-0.25)	-0.187 (-0.34)	-0.224 (-0.49)	-0.092 (-0.14)	-0.168 (-0.30)	0.082 (0.15)
Baidu	1.767 (0.45)	5.755 (0.96)	0.736 (0.21)	16.412** (2.25)	15.581** (2.46)	12.647* (1.79)
Expand	-1.205 (-1.30)	-2.093** (-2.12)	-0.985 (-1.24)	1.353 (0.61)	0.383 (0.20)	1.997 (1.00)
Welfare	20.204 (1.11)	23.057 (1.24)	16.198 (1.03)	-63.550 (-1.20)	-53.360 (-1.19)	-57.328 (-1.09)
Constant	-146.292 (-1.17)	-170.650 (-1.33)	-177.891 (-1.48)	-193.871 (-0.20)	-193.879 (-0.22)	-381.152 (-0.40)
Year FE	Yes	Yes	Yes	Yes	Yes	Yes
Province FE	Yes	Yes	Yes	Yes	Yes	Yes
Observations	82	82	82	58	58	58
R-squared	0.416	0.404	0.420	0.606	0.620	0.559

综上，省级行政首长仅在经济业绩较好和审计涉案金额较低的前提下，面临晋升机会时会策略性地提升财务信息披露质量。这一结果与本部分理论分析结果一致，官员自愿提升财务信息披露质量的目的是向上级政府和公众彰显执政业绩。执政业绩越好（完成 GDP 增长目标和审计结果较好），官员在面临晋升激励时，越有动机提升财务信息披露质量。反之，如果执政业绩不佳，即使面临晋升机会，官员也缺乏动机提升财务信息披露质量。

4.4.4.3　是否存在晋升预期

在任期末期，官员之所以能够通过更高质量地披露财务信息，彰显执政业绩，以便增加获得晋升的概率，其前提条件是，官员能够在任期末期预测潜在的晋升机会。这意味着，如果晋升是不可预测的非常规调动，那么官员无法在晋升之前作出策略性的决策准备（包括提升财务信息披露质量）。只有官员能够预期未来潜在的晋升机会时，才可能在关键年份（如任期末期）采取策略性的财务信息披露决策，通过彰显业绩增加获得晋升的概率。

我们根据省级行政首长是否在政治周期内按照正常节奏离任，来判断首长对晋升机会的可预测性。我们以离任时间是否在党代会召开当年，将样本分为预期晋升样本和非预期晋升样本，在党代会召开当年发生变更的省级行政首长视为可预期晋升样本，否则，则视为不可预期晋升样本。本部分考察官员分别在有晋升预期和无晋升预期的情况下，晋升激励对政府财务信息的自愿披露质量产生影响的差异。分组回归结果见表 4－12，在有晋升预期样本中，官员晋升激励的代理变量 Tenure 和 Tenure_sqr 的回归结果与主检验结果保持一致。而在无晋升预期的样本中则未见上述结果。这一发现说明，只有当官员对晋升存在预期时，才会在临近任期结束时策略性地主动提升财务信息披露质量，通过彰显业绩的方式，增加获得晋升的概率。

表 4－12　晋升激励、晋升预期与政府财务信息披露①

Variables	(1)	(2)	(3)	(4)	(5)	(6)
	有晋升预期			无晋升预期		
	VQ1	VQ2	Com	VQ1	VQ2	Com
Tenure	－0.959* (－1.94)	－1.021** (－2.35)	－0.723 (－1.64)	0.536 (0.65)	0.334 (0.44)	0.756 (1.06)
Tenure_sqr	0.145** (2.40)	0.159*** (2.79)	0.123** (2.40)	－0.000 (－0.00)	0.016 (0.11)	－0.025 (－0.17)

① 在 Unexpected 样本组中，是否为第二届任期变量（2nd－term）在回归中被遗漏了。

续表

Variables	(1)	(2)	(3)	(4)	(5)	(6)
	有晋升预期			无晋升预期		
	VQ1	VQ2	Com	VQ1	VQ2	Com
Age	8.489*** (4.39)	7.318*** (4.04)	7.006*** (4.14)	-0.131 (-0.29)	-0.131 (-0.31)	-0.104 (-0.25)
Age_sqr	-0.075*** (-4.15)	-0.065*** (-3.81)	-0.061*** (-3.84)	0.002 (0.49)	0.002 (0.39)	0.003 (0.69)
2nd-term	-39.554*** (-4.74)	-35.147*** (-4.48)	-32.310*** (-4.35)	- -	- -	- -
Edu	1.014 (0.85)	1.061 (0.93)	1.102 (1.19)	1.254 (0.86)	0.951 (0.71)	1.480 (1.17)
Goal	-0.114 (-0.30)	-0.013 (-0.03)	0.034 (0.11)	0.681* (2.03)	0.675** (2.18)	0.418 (1.35)
Population	-17.186 (-1.08)	-10.550 (-0.66)	-1.579 (-0.10)	-284.992** (-2.87)	-264.742** (-2.84)	-255.955** (-3.03)
Audit	5.706* (1.87)	3.641 (1.39)	4.542 (1.53)	14.259 (1.62)	12.689 (1.56)	15.711* (1.85)
Dbt	6.874*** (3.66)	5.995*** (3.73)	5.383*** (3.14)	18.847*** (3.33)	16.817*** (3.33)	17.675*** (3.42)
News	-0.414 (-0.90)	-0.601 (-1.33)	-0.159 (-0.43)	-0.089 (-0.16)	-0.084 (-0.16)	0.003 (0.01)
Baidu	6.148** (2.09)	10.127** (2.21)	3.613 (1.35)	-9.900 (-0.77)	-9.386 (-0.82)	-11.345 (-1.03)
Expand	-1.546 (-1.61)	-2.381** (-2.50)	-0.749 (-0.72)	-0.678 (-0.30)	-0.590 (-0.29)	-0.989 (-0.53)
Welfare	7.737 (0.39)	12.736 (0.69)	0.373 (0.02)	-7.050 (-0.10)	-3.156 (-0.05)	10.807 (0.18)
Constant	-106.762 (-0.82)	-133.207 (-1.08)	-194.331 (-1.44)	2376.953** (2.79)	2205.201** (2.78)	2135.015** (2.93)
Year FE	Yes	Yes	Yes	Yes	Yes	Yes
Province FE	Yes	Yes	Yes	Yes	Yes	Yes
Observations	92	92	92	48	48	48
R-squared	0.466	0.486	0.456	0.533	0.529	0.576

4.5 进一步分析

4.5.1 晋升压力与政府财务信息披露质量

前文已经证明官员存在晋升激励时会自发提升决算披露质量，但晋升激励与晋升压力密切相关。晋升压力越大，官员越有可能采取短效手段，如迅速提升经济增长业绩（曹春芳等，2014），以此谋求更大的晋升机会。在本部分中分两步检验官员晋升压力对政府财务信息自愿披露质量的影响。

首先，参考 Cao 等（2014）的做法使用 Logit 模型估计官员的晋升概率。被解释变量（Promote）为官员是否晋升，若省级行政首长在任职期限届满之后得到晋升，则该变量赋值 1，否则赋值 0。主要的解释变量包括省级行政首长的总任职年限、上任年龄及其二次项、是否是第二届任期、教育程度、任期内平均 GDP 业绩、审计发现问题数、财政支出金额以及福利支出占比等可能会影响省级行政首长晋升的因素。Logit 模型的拟合结果如表 4－13 所示①，任期内平均 GDP 业绩（Avrgoal）变量显著为正，官员经济业绩与晋升概率显著正相关，与已有文献研究（杨瑞龙等，2013；罗党论等，2015）结论一致。此外，官员任职期内民生支出占比越高、审计查出问题数量越少，越有可能获得晋升。

表 4－13　拟合晋升概率

Variables	(1) Promote
Age	−4.296** (−2.39)
Age_sqr	0.038** (2.34)

① 在拟合晋升概率时，本章剔除了在 2016 年还未离职的官员，合计 8 个，主要原因是无法判断上述官员最终是否晋升。

续表

Variables	(1) Promote
Maxtenure	-0.600 (-1.58)
tenure3	21.239** (2.42)
Edu	0.207 (0.33)
Audit	-0.787* (-1.70)
Avrgoal	0.601* (1.65)
Welfare	35.076** (2.34)
Constant	122.579** (2.39)
Observations	55

其次，将拟合的官员晋升概率作为官员晋升压力的代理变量，分别考察在官员上任首年和最后一年，晋升压力对官员财务信息披露决策的影响。晋升概率越高的官员面临的晋升压力越小，反之晋升压力越大。回归结果如表4-14所示，列（1）至列（3）报告了上任首年的回归结果①，Promote单变量均不显著。列（4）至列（6）报告了任期最后一年的回归结果，Promote单变量均显著为负，说明在面临晋升机会时，官员的晋升压力越大，越会主动提升政府财务信息披露质量，向上级政府和公众彰显执政业绩，增加成功晋升的概率。

① 上任首年与最后一年样本数量不一致，主要原因是本章选择的样本起始年度为2011年，部分在2011年前已经上任且在样本区间内离任的官员，其上任首年不在本章的研究样本中，但其任期最后一年在本章的研究样本中。

表 4-14　晋升压力与政府财务信息披露质量

Variables	(1)	(2)	(3)	(4)	(5)	(6)
	上任首年			任期最后一年		
	VQ1	VQ2	Com	VQ1	VQ2	Com
Promote	-5.160 (-1.25)	-5.297 (-1.45)	-2.250 (-0.51)	-4.140** (-2.44)	-3.652** (-2.39)	-3.388** (-2.17)
Goal1	0.732 (1.20)	0.913 (1.72)	0.154 (0.23)	0.527** (2.11)	0.356 (1.53)	0.445 (1.48)
Population	2.153 (1.19)	1.641 (1.05)	2.077 (1.09)	0.128 (0.09)	0.497 (0.37)	0.313 (0.27)
Audit	1.044 (0.16)	3.271 (0.56)	0.757 (0.10)	3.357 (1.11)	2.362 (0.78)	1.289 (0.51)
Dbtl	2.873 (1.71)	3.400** (2.32)	2.286 (1.24)	2.931 (1.37)	3.788* (1.76)	2.882* (1.79)
News	0.908 (0.85)	0.866 (0.88)	0.893 (0.90)	-0.090 (-0.13)	-0.257 (-0.35)	-0.140 (-0.23)
Baidu	-3.851 (-1.66)	-3.276 (-1.56)	-3.353 (-1.48)	0.991 (0.71)	1.548 (1.09)	0.764 (0.59)
Expand	-1.561 (-1.09)	-1.813 (-1.44)	-0.569 (-0.37)	-2.502** (-2.37)	-2.553** (-2.36)	-2.278** (-2.41)
Welfare	-4.624 (-0.17)	-1.113 (-0.04)	-15.620 (-0.53)	11.068 (0.74)	5.066 (0.33)	10.493 (0.74)
Constant	25.216 (1.12)	22.405 (1.12)	10.206 (0.43)	34.659** (2.37)	28.113* (1.83)	29.513** (2.10)
Year FE	Yes	Yes	Yes	Yes	Yes	Yes
Observations	31	31	31	55	55	55

4.5.2　政府财务信息披露质量提升的后果检验

根据前文分析，在政治激励的刺激下，官员会在任期内有策略地以不同质量披露政府财务信息。特别是在官员的任职末期，面临晋升机会时，官员会主动提升政府财务信息披露质量，以增加成功晋升的概率。但政府财务信息披露质量的提升究竟能够给官员带来何种好处，进而增加晋升概率呢？我们猜测，其中一个可能的机制是，政府财务信息披露质量越高，主政官员将获得更高的媒体关注度。而这些媒体关注度高的官员，更易成为晋升锦标赛中的“政治明星”。基于此猜测，在该部分中，我们以省级行政首长姓名为关键词检索了百度新闻的报道数量，并以此衡量新闻媒体对省级行政首长的关注度。表4－15的回归结果表明，某省级行政区的财务信息自愿披露质量越高，新闻媒体对该省级政府行政首长的报道数量越多。但强制披露质量与行政首长的媒体关注度之间则未见该显著关系。这一发现也佐证了，官员自愿提升财务信息披露质量的潜在收益是增加其执政期间的媒体曝光度。

表4－15　政府财务信息披露与媒体曝光度

Variables	(1) Media	(2) Media	(3) Media	(4) Media	(5) Media
VQ1	0.035* (1.78)				
VQ2		0.036* (1.72)			
Com			0.040* (1.98)		
MQ1				-0.004 (-0.18)	
MQ3					-0.006 (-0.23)
Age	-0.018 (-1.36)	-0.019 (-1.43)	-0.016 (-1.20)	-0.014 (-1.03)	-0.014 (-1.00)
Tenure	-0.095*** (-3.04)	-0.096*** (-3.06)	-0.094*** (-3.01)	-0.100*** (-3.01)	-0.100*** (-3.00)
Goal	-0.062 (-1.49)	-0.062 (-1.48)	-0.062 (-1.51)	-0.053 (-1.25)	-0.053 (-1.26)
Population	5.112 (1.35)	4.968 (1.31)	4.742 (1.25)	6.333 (1.64)	6.331 (1.64)
Audit	0.727** (2.27)	0.757** (2.32)	0.736** (2.26)	0.875** (2.47)	0.877** (2.48)

续表

Variables	(1) Media	(2) Media	(3) Media	(4) Media	(5) Media
Dbt	0.584 ** (2.43)	0.584 ** (2.39)	0.609 ** (2.64)	0.816 *** (3.50)	0.818 *** (3.49)
News	-0.063 (-1.10)	-0.063 (-1.11)	-0.063 (-1.10)	-0.072 (-1.22)	-0.072 (-1.22)
Baidu	0.706 (0.76)	0.630 (0.67)	0.734 (0.77)	0.780 (0.79)	0.781 (0.79)
Expand	0.132 (0.93)	0.163 (1.15)	0.121 (0.88)	0.126 (0.90)	0.127 (0.91)
Welfare	0.041 (0.02)	0.022 (0.01)	-0.009 (-0.00)	0.192 (0.10)	0.203 (0.11)
Constant	-40.860 (-1.35)	-39.694 (-1.31)	-37.850 (-1.25)	-51.267 (-1.67)	-51.308 (-1.66)
Year FE	Yes	Yes	Yes	Yes	Yes
Province FE	Yes	Yes	Yes	Yes	Yes
Observations	155	155	155	155	155
R - squared	0.650	0.649	0.650	0.637	0.637

4.6 本章小结

政府为何需要公开披露财务信息，哪些机制能够激励在任官员更充分地披露财务信息，既是公共受托责任理论需要回答的关键问题，更是新政治经济学中需要回答的本源性问题。我们通过构建省级政府财务信息披露质量评价指标，从自愿披露和强制披露两个维度衡量政府财务信息披露质量，并以晋升机制为核心的政治激励为切入点，探讨官员任期不同阶段的政治激励对政府财务信息披露质量的影响。研究发现，省级领导人在面临晋升机会时，会策略性地提升政府财务信息披露质量。具体而言，领导人上任首年财务信息的自愿披露质量较高，随着在任年度的推移，自愿披露质量逐步下降，直到领导人再次面临晋升机会时，财务信息的自愿披露质量会重新提升，以便彰显执政业绩，增加获得晋升的概率。省级领导人的任职年限与政府财务信息的自愿披露质量之间呈现出的先降后升趋势，在任期二次项模型、一次项模型，以及控制政治周期，剔除潜在的粉饰样本以后，结果均保持一致。且执政业绩较好与晋升机会可预期是领导人面临晋升激励时主动提升财务信息披露质量的前置条件。进一步分析发现，同样面临晋升机会时，晋升压力越大的领导人，其所在政府的财务信息自愿披露质量越高。我们还检验了省级领导人主动提升财务信息披露质量可能是为了获得更多的媒体曝光度，以成为“政治明星”，进而增加获得晋升的概率。

我们的研究丰富了公共受托责任理论，将其运用范围从西方选举政体扩展至了任命制政体，并为该理论提供了更具普适性的解释，即无论在何种政体下，恰当的制度设计均能够为官员披露行为提供充分的政治激励，进而有效提升政府财务信息披露质量。不同于以往文献立足于西方选举制度，我们不仅验证了任命制政体下地方政府仍旧具备动机自发提升财务信息披露质量，还证实了政治激励对政府披露行为的关键作用。不同国家的政治体制虽存在差异，但只要制度设计合理，无论是西方民主政体下的选举机制，还是任命制政体下的晋升机制，均能有效激励官员提供更高质量的政府财务信息。此外，我们也为中国中央政府制定地方政府财务信息公开的相关规则，提供了清晰的政策建议。即高层决策者应该在制定规则的过程中充分运用政治激励手段，充分调动各级地方领导人的积极性，提升政府财政透明度。

第5章
问责动机与政府财务信息披露质量

5.1 问题引入

政府财务信息披露受何种因素影响及其作用机制如何，既是政府会计研究的本源性问题，也是官员行为研究中的一个重要维度。政府作为一个抽象的黑箱，其所表现出来的各种特征其实是作为实体的官员动机体现（王贤彬和徐现祥，2008；钱先航等，2011；韩超等，2016）。这意味着，政府最终表现出的财务信息披露决策实质上是官员多重动机博弈后的结果。早期的西方文献基于选举制度与成熟资本市场，从官员效用目标视角，提出了政府财务信息披露的两种不同假设："信号"效应和"监督"效应（Evans 和 Patton，1987）。两种假设分别从发出业绩信号，以及接受公众监督两个维度，研究地方官员财务信息披露决策背后的逻辑机理。

在信号理论下，官员通过更高质量地披露财务信息，向选民和债权人发出业绩信号，以便获得最大化选票或者降低融资成本（Evans 和 Patton，1983；Benson 等，1984；Ingram 和 Dejong，1987；Raman 和 Wilson，1990；Cuny，2016）。在监督理论下，为了实现任期内的可支配预算最大化目标，官员有动机利用财政（财务）信息在政府与公众之间的信息不对称，形成一种"双边信息垄断能力"（Ginzales 和 Mehay，1985），以此来保持官员的信息优势，进而实现个人效用最大化目标。在缺乏外部治理机制介入并形成有效约束的情况下，地方官员作为理性经济人，不仅不会主动提升政府财务信息披露质量，甚至可能降低信息披露质量，从而避免公众监督。因此，按照监督理论，公众需要设计有效的治理机制，确保政府披露能够满足公众最低监督需求的财务信息。

现实中，官员效用目标既有可能影响地方政府财务信息披露决策，又有可能受到地方政府财务信息披露决策的影响。这种潜在的内生性问题限制了经验研究识别并分离上述两种假说对地方政府财务信息披露质量的影响效应及其作用机制。为了缓解内生性问题的限制，Cuny（2016）以金融危机中给政府债券担保的保险公司破产为外生冲击，通过倍差法识别了地方官员在降低融资成本动机的驱动下，主动提升了财务信息披露质量，从而支持了在资本市场融资需求中政府披露财务信息的信号假说。但相对于地方政府的融资动机而言，官员政治动机与其个人效用目标更为密切。地方官员在政治晋升（包括当选或者连任）过程中，采取何种策略披露政府财务信息，以及该策略背后主要受到信号假说影响还是监督假说的影响，仍缺乏经验证据的支持。

中国政府2009年以来自上而下推进的预决算公开改革以及党的十八大以来的反腐行动，为识别并分离信号假说和监督假说在地方官员财务信息披露策略中的影响效应及其作用机理，提供了恰当的研究场景。我们选择十八大召开后的反腐行动中，省级领导官员落马的政治事件造成城市主政官员政治关系破裂这一事件作为外生冲击，构建DID模型考察省级领导落马导致市长政治关系丧失，对地级市“三公”经费披露质量产生的影响。我们主要观测政府财务信息公开中，“三公”经费信息的披露质量，并采用二分法，从信息公开与否和披露详细程度两个层面分别度量政府“三公”经费信息披露质量。研究结果发现：在市长的政治关系崩塌后（即政治关系从有到无变化），地级市政府会显著降低“三公”经费信息的披露质量。在政治关系破裂前后各一年的观测窗口期中，以及采用PSM对样本进行匹配后，回归结果均保持一致。实证结果说明，在政治关系崩塌的情况下，地方官员为了避免“三公”经费信息披露带来的公众监督，从而主动降低了“三公”经费信息的披露质量。该发现支持了政府财务信息披露的监督假说。我们还分析了政治关系破裂对“三公”经费信息披露质量的影响路径，发现市长降低“三公”经费披露质量的主要原因是原有政治关系破裂导致保护效应的丧失，而不是担心受到牵连。进一步检验发现，较好的经济业绩能够缓解政治关系崩塌对“三公”经费披露的负向影响。但如果经济业绩数据存在更大可能的造假，以及审计查处更多的问题，均会增强政治关系崩塌对“三公”经费信息披露的负向影响；同时，城市主政官员缺乏晋升动机也会增强政治关系崩塌对“三公”经费披露的负向影响。此外，我们也尝试检验了官员融资动机对信息披露的影响，结果发现在不考虑政治关系崩塌的前提下，政府融资压力能够显著提升城市“三公”经费信息的披露质量。但在考虑政治关系崩塌的情况下，地级市政府面临融资压力并未显著缓解政治关系崩塌对“三公”经费披露的负向影响。

5.2　制度背景与理论分析

5.2.1　“三公”经费披露的制度背景

近十年来，中国政府一直致力于推动预决算公开，努力打造透明政府与阳光财政。2007 年 4 月，国务院正式发布《中华人民共和国政府信息公开条例》，首次将财政预算与决算报告纳入应重点公开政府信息的范围。2008 年 9 月，财政部发布了《财政部关于进一步推进财政预算信息公开的指导意见》，明确要求中央部委和省级政府公开预决算报告，并就公开的内容与方式作了初步的指导性规定。自此，中国政府预决算公开改革正式拉开序幕。2010 年 1 月，财政部发布《财政部关于进一步做好预算信息公开工作的指导意见》，专门从完整、真实、细化三个方面对各级政府的预决算公开提出总体要求。政府财务信息披露质量的概念初现雏形。2013 年 8 月和 2014 年 3 月财政部连续出台《财政部关于推进省以下预决算公开工作的通知》和《关于深入推进地方预决算公开工作的通知》，进一步对预决算公开的范围、程度、时间、形式、内容等作了具体规定①。在上述文

① 以“三公”经费决算公开为例，《关于深入推进地方预决算公开工作的通知》明确要求，“三公”经费决算公开要细化说明因公出国（境）团组数及人数，公务用车购置数及保有量，国内公务接待的批次、人数、经费总额，以及“三公”经费增减变化原因等信息。

件的基础上，2016年10月，财政部正式发布了《地方预决算公开操作规程》，从操作层面对地方政府财务信息公开流程作了详细要求。财政部的上述意见、通知和规程不仅从制度层面规范了政府财务信息公开行为，而且为各利益主体科学评价地方政府财务信息披露质量提供了制度依据。

在政府需要公开的财政财务信息中，"三公"经费信息反映了政府及其部门公车维护与购置、因公出国、公务接待三方面的开销，它是政府可支配预算使用情况的重要信息载体。"三公"经费的高低与政府官员在任期间因公出国的舒适程度、公务接待的规模档次、公务用车的豪华程度成正比。在信息不透明、缺乏外部监督的情况下，政府官员有动机最大化"三公"经费规模，增加任职期间的个人效用水平。为了缓解政府与公众之间的信息不对称，削弱地方官员在可支配预算使用情况方面的信息优势，提升社会公众的监督能力，中国中央政府自2011年起开始要求各级地方政府公开"三公"经费的预算与决算信息。"三公"经费信息公开引发了社会公众与媒体的极大关注。在推动政府"三公"经费信息公开的进程中，地方政府的"三公"经费信息披露质量在是否披露、是否单独披露、是否提供年度间的可比数据、是否提供补充说明等方面，均存在着地区间与年度间的较大差异①，并逐步成为社会舆论关注的焦点。

地级市"三公"经费信息披露质量的差异主要表现为：(1) 公开与否以及是否单独公开存在差异。有些地级市政府并未向社会公众公开"三公"经费信息，例如，三沙市、焦作市等地截至2017年均未公开"三公"经费信息。此外，一些地级市将"三公"经费信息合并在政府预决算报告信息中同时向公众公开，例如，新乡市、周口市和咸宁市等。而另外一些地级市政府将"三公"经费作为单独的报告向社会公众进行披露，例如，安庆市、厦门市和北海市等。(2) "三公"经费分项信息公开与否存在差异。一些地级市政府仅披露笼统的"三公"经费数据，并不对经费的构成进行说明，例如，嘉峪关市、洛阳市等；有的地级市政府在披露"三公"经费总额的情况下，还会分别披露因公出国（境）费用、公务接待费用和

① 令人一头雾水的"三公"账晒给谁看，http://cpc.people.com.cn/GB/64093/64103/17163226.html。

公车费用，例如，兰州市、广州市等。(3)“三公”经费分项信息公开的详细程度存在差异。一些地级市政府会分项披露“三公”经费相比上年的增减变动信息，例如，韶关市和中山市。还有一些政府，会分项对“三公”经费的增减变动情况进行解释和说明，例如，珠海市和贺州市。另外一些披露更为详细的地级市政府，还会对当年因公出国团组数、公务接待的人次以及公车购置和报废的数量进行说明，例如，贵港市和乐山市等。

5.2.2 政治关系崩塌对政府“三公”经费披露的影响

关系作为一种广泛存在的非正式制度（Zanella，2004；Sabatini，2007），在正式制度较弱的任命制体制国家中，对地方官员行为和决策将产生重要影响。大量研究发现，有政治关系的官员更有可能获得晋升（Opper 和 Brehm，2007；Shih 等，2012），任职期间也能够得到上级政府更多保护。同时，关系官员拥有更多内部沟通渠道，能够缓解上下级政府间的信息不对称，获得更多资源偏袒（卢洪友等，2011）。可见，政治关系能够对地方官员任职期间的行为决策和晋升预期产生重大影响。

政府财务信息披露决策作为地方官员行为的一个重要维度，也可能受到政治关系的影响。当市级官员与省级官员形成稳定的政治同盟关系时，由于受到省级官员的庇护，市级官员在追求个人效用目标的过程中，更可能存在一些偏离公众效用的行为，如配置更好的公务用车、安排更为舒适的出国考察路线、超标进行公务接待等。当与市级官员具备政治关系的省级官员因腐败而落马时，既可能意味着市级官员丧失了原有的政治保护，以及私人上下级之间的信息沟通渠道，又可能对在任的市级官员形成反腐的牵连效应，市级官员的决策行为将受到政治关系崩塌的重要影响。“三公”经费作为反映政府消费的重要信息，其披露程度和质量自然也会受到市级官员披露决策动机变化的显著影响。

面对政治关系的突然崩塌，市级官员将会作出两种可能的“三公”经费信息披露决策：一是提升“三公”经费信息披露质量。市级官员可能通过提升“三公”经费信息披露质量，向社会各界以及未来可能的政治同盟展示其在“三公”经费使用方面作出的努力，或者通过“三公”信息披露证明其执政的清廉程度，以便获得社会公众的认可，以及重新与其他上级官员建立新的政治同盟。这种情况支持政府财务信息披露的“信号”假说。二是降低“三公”经费信息披露质量。市级官员也可能通过降低“三公”经费信息披露质量，仅按照财政部规定的最低披露要求披露“三公”经费使用情况，尽可能避免引起社会公众和上级对当地政府“三公”经费使用情况的关注，以免发现在任市级官员潜在的不当消费行为。这种情况支持政府财务信息披露的“监督”假说。基于此提出我们的核心对立假设2：

假设2A：市长政治关系崩塌后，当地政府会显著提升“三公”经费信息披露质量，发出执政廉洁的信号（信号理论）。

假设2B：市长政治关系崩塌后，当地政府会显著降低“三公”经费信息披露质量，避免引发公众和上级进一步的关注（监督理论）。

5.3 研究设计

5.3.1 政治关系崩塌的外生冲击

官员的个人效用目标会影响政府财务信息披露决策，同时也可能受到政府财务信息披露决策的影响，直接观测官员个人效用与其财务信息披露决策的关系可能会受到内生性的影响。政治关系是影响地方官员任期内个人效用和行为决策的重要因素，政治关系破裂以后，官员丧失了原有的政治保护和私人信息沟通渠道，也可能因为过去的关系受到牵连，进而改变其信息披露决策，影响信息披露质量。因此，我们选择官员的政治关系破裂作为研究的外生冲击，识别地方官员在面对政治关系崩塌时，对政府财务信息披露决策的调整。

首先，我们将市长是否存在政治关系定义为，该市长是否与同一省份省级领导在过去有共同工作经历。即市长存在的政治关系需要满足两个条件：其一，市长在过去的工作经历中，曾经与省级领导在同一机构任职，存在直接上下级关系，即省级领导过去曾经是现任市长的直接领导。选择共同工作经历作为政治关系的判断标准，主要是因为已有的反腐案例中，省部级高官落马以后，受到牵连的通常为与其曾经有过共同工作关系的同僚。例如，在周永康案件中，周永康落马以后，受到牵连的“政法系”“石油系”和“四川系”官员均与其存在共同工作经历。其二，曾经与市长有过共同工作经历的省级领导目前与该市长仍在同一省级行政区域工作。如果省级领导与市长不在同一省份工作，过去已经存在的政治关系并不能够对现任市长形成政治保护或带来资源倾斜，更难以影响市长的晋升。基于此，我们选择是否与同一省级行政区域的省级领导存在共同工作经历作为衡量市长是否具有政治关系的标准。

其次，我们选择省级领导落马这一政治事件导致市长政治关系破裂作为外生冲击。一方面，省级领导违纪被查往往是由中央主导推进的，对于市级官员而言，基本可以视为不可预期的事件，市长无法提前对该事件进行预期或作出决策调整。另一方面，省级领导违纪被查，将无法在该职位继续任职，甚至可能遭受起诉等行政处罚。关系市长将无法继续享有政治关系带来的政治庇护和资源倾斜，甚至还可能因存在政治关系而面临政治问责，晋升仕途受到影响。政治关系破裂因而会改变市长的个人效用目标，迫使其对信息披露决策作出调整。

最后，基于上述分析，我们将任期内发生政治关系破裂的市长作为研究的处理组样本，将在任期内政治关系没有发生变化且任期大于一年的市长作为研究的对照组样本。对于处理组而言，政治关系破裂可能发生在城市主政官员任期内的任何年度。因此，只要在任时间超过一年（两年及以上），且在任时间内政治关系没有发生变化的市长，均可成为对照组。

5.3.2　“三公”经费信息披露质量

“三公”经费是中国政府财政支出中较为特别的一类支出，包括政府部门人员因公出国（境）经费、公务车购置及运行费、公务招待费产生的消费（以下简称出国经费、公车经费与接待经费）。一方面，“三公”经费的高低决定了官员因公出国的舒适度、公务接待的档次以及公务用车的豪华程度，与官员在任期内个人效用和福利程度密切相关，其披露程度受官员个人动机的影响更为直接。另一方面，“三公”经费开支高低受到媒体与公众的广泛关注。近年来新闻媒体针对政府财务信息公开的报道和问责中，大多集中在政府“三公”经费。因此，相比其他政府经费支出，“三公”经费披露更容易受到官员问责动机的影响。

参考 Cuny（2016）的做法，我们采用是否披露特定信息，披露赋值1，未披露赋值0的方式来衡量“三公”经费信息披露质量，详细赋值情况见第3章地方政府财务信息披露质量的度量中，政府财务信息披露质量的衡量方法以及表3-4。我们分别从“三公”经费信息的公开维度衡量和披露详细程度两个方面考察问责动机对政府“三公”经费信息披露质量的影响。公开维度主要包括是否公开“三公”经费信息以及是否单独公开“三公”经费信息，公开赋值1分，单独公开赋值2分。披露详细程度主要对出国经费、公车经费、接待经费三类经费披露详细程度进行衡量，均从是否提供可比信息，是否对可比信息进行解释说明以及是否提供更多增量信息三个方面予以度量，每个方面赋值1分，总分3分，三类经费合计9分。为了衡量“三公”经费信息披露的整体详细程度，在回归中，我们既分别将三种经费的披露得分作为被解释变量进行回归检验，也将三种经费得分加总，得到一个信息披露总分作为被解释变量进行回归检验。

5.3.3 研究样本与数据来源

5.3.3.1 研究样本与模型设计

我们选择2013—2017年中国地级行政区披露的“三公”经费决算信息作为主要研究对象。选择2013年作为样本起始年度的原因是：（1）虽然中国中央政府在2009年推进了预决算公开改革，但并未强制要求地方政府公开“三公”经费信息，在2013年以前，只有少数城市公开了“三公”经费决算信息，样本缺失较多；（2）2012年11月，中国共产党召开了第十八次全国代表大会。同年12月，中共中央政治局会议审议通过八项规定，会议和规定均对“三公”经费开支具有约束作用，对“三公”经费信息披露可能会产生重要影响；（3）2013年和2017年正好是中国共产党第十八次全国代表大会召开后的第一年和中国共产党第十九次全国代表大会召开当年，选择2013—2017年作为研究样本恰好包含一个完整政治周期的全部年度。

我们首先统计了十八大以来落马的省级领导，并根据百度百科查找其任职经历。其次，将落马省级领导的履历与同一省份市长的任职履历进行比较，匹配出与落马省级领导曾经有共同任职经历的市长，作为我们研究样本中政治关系发生破裂的处理组样本。再次，将任职时间大于一年且政治关系没有发生变化的市长样本作为对照组。最终确定了 74 位发生政治关系破裂的处理组市长和 337 位政治关系没有发生变化的对照组市长，作为我们的研究样本。

为了考察政治关系破裂对"三公"经费信息披露质量的影响，我们借鉴 Moser 和 Voena（2012）以及 He 和 Tian（2013）等的研究思想，构建了如下双重差分模型：

$$Disclosure = \beta_0 + \beta_1 Break + Controls + \delta + \sigma + \varepsilon \quad (5-1)$$

模型主要的被解释变量 Disclosure 为地级市政府"三公"经费信息披露质量，在实际回归中，分别放入公开维度、披露总分、出国经费披露、接待经费披露和公车经费披露，共五个衡量"三公"经费信息披露质量的变量作为主要的被解释变量进行检验。我们采用具有官员和年度双重固定效应的双重差分模型进行实证分析。Break 为模型的主要解释变量，表示是否发生政治关系破裂。赋值方式为，处理组样本在政治关系破裂以后年度均赋值 1，关系破裂以前年度均赋值 0，对照组样本均赋值 0。系数 β_1 代表了政治关系破裂对政府"三公"经费信息披露的影响。Controls 为一系列控制变量，δ 为官员个体的固定效应，用于控制不同官员个体的异质性因素带来的影响；σ 为年度固定效应，用于控制时间因素带来的异质效应；ε 是随机扰动项。

5.3.3.2 变量定义与数据来源

上述模型中控制了可能会影响官员信息披露决策的官员特征和城市层面特征，以降低可能存在遗漏变量导致研究结果存在偏误的可能。首先，不同年龄段的官员存在不同的激励动机（韩超等，2016），任期长短也可能会影响官员的个人效用目标，进一步影响其信息披露决策。我们在模型中控制了市长的年龄和任期。其次，西方文献研究发现政府财务状况

（Ríos 等，2013）和负债水平（Robbins 和 Austin，1986；Gore，2004）均可能影响政府信息披露质量。基于此，我们在模型中控制了地区 GDP 总额（Gdp）、地区财政支出（Expense）和政府负债水平（Dbt）。同时控制了可能影响地区规模的地区人口数量（Population）以及公众关注度（Baidu）。此外，为了控制地方政府"三公"经费信息披露决策可能具有的连续性，即当年信息披露可能会受到上年信息披露质量的影响，我们也控制了上年"三公"经费信息披露质量。考虑到地级市"三公"经费信息披露可能受到省级层面"三公"经费信息披露的影响，我们还在模型中控制了省级层面"三公"经费信息的公开情况。为了消除异常值的影响，我们对所有的连续变量在 1% 水平上进行了 Winsorize 处理（见表 5－1）。

表 5－1 变量定义

	变量名	定义
被解释变量	Open	"三公"公开，取值 0 为未公开，取值 1 为随决算报告公开，取值 2 为单独公开
	T_score	出国披露得分、接待披露得分与公车披露得分之和，取值范围 0—9
	Overseas	出国经费公开详细程度，取值范围为 0—3
	Receptions	接待经费公开详细程度，取值范围为 0—3
	Cars	公车经费公开详细程度，取值范围为 0—3
	L. dis	上年是否公开"三公"经费信息
解释变量	Break	处理组政治关系发生崩塌当年及以后年度取 1，否则取 0
	Break1	处理组样本政治关系发生崩塌后一年取 1，前一年取 0，对照组为任期超过一年的官员，对照组均取值 0
控制变量	Prosg	城市所在省份当年是否披露"三公"经费，是取 1，否则取 0
	Age	市长年龄
	Tenure	市长在任年限
	Gdp	GDP 总额，取对数处理
	Debt	负债水平，年末金融机构贷款余额/GDP
	Expense	财政支出，取对数处理
	Baidu	百度指数，取对数处理
	Population	人口数量，取对数处理

注：主要数据来源于以下途径：（1）省级领导落马数据路源于中纪委网站，官员任职履历数据来源于 CSMAR 数据库和百度百科；（2）官员特征数据来源于 CSMAR 数据库和百度百科；（3）城市特征数据来源于《中国城市统计年鉴》。

5.4 实证结果

5.4.1 描述性统计

主要变量描述性统计见表5-2。其中，“三公”经费信息公开维度（Open）变量的p50为1，p75为2，说明在2013—2017年的中国地级市行政区样本中，有一半以上的城市公开了政府“三公”经费信息，有超过25%的样本提供了单独的“三公”经费信息。出国经费、接待经费和公车经费的p50均为0，说明超过一半的样本既未提供相关经费的可比信息变化和相关解释说明，也未提供有关经费开支的人员信息。但三类经费披露（Overseas，Receptions，Cars）详细程度的最大值均为3，说明仍有地区按照我们度量信息披露质量的全部要求，提供了有关经费支出的可比信息、相关解释说明和其他具体数据信息。Break变量的均值为0.14，说明有14%的样本发生了政治关系破裂。

表5-2　描述性统计

Variables	N	mean	min	p25	p50	p75	max	sd
Open	1187	0.820	0	0	1	2	2	0.850
T_score	1187	1.680	0	0	0	3	9	2.590
Overseas	1187	0.580	0	0	0	1	3	0.890
Receptions	1187	0.540	0	0	0	1	3	0.850
Cars	1187	0.560	0	0	0	1	3	0.870
L. dis	1187	0.690	0	0	0	2	2	0.860
Prosg	1187	0.680	0	0	1	1	1	0.470
Break	1187	0.140	0	0	0	0	1	0.340
Age	1187	51.14	39	49	51	53	61	3.600
Tenure	1187	2.470	1	1	2	3	7	1.220
Gdp	1187	7.350	5.430	6.820	7.270	7.890	9.580	0.850
Debt	1187	0.900	0.310	0.580	0.750	1	3.020	0.500
Expense	1187	14.76	13.35	14.37	14.72	15.10	16.46	0.600
Baidu	1187	2.390	0	1.790	2.300	3.040	4.690	1.070
Population	1187	5.900	4.050	5.520	5.950	6.380	7.080	0.640

图 5－1 列示了 2013—2017 年公开“三公”经费信息的地级市数量占比的历年变化。2013 年仅有约 9.5%（26 个）的城市公开了“三公”经费信息，2014 年该比例上升至 38%，2015 年上升至 60%。到 2016 年，公开“三公”经费的城市比例已经超过 80%，达到 82%，2017 年小幅上升至 83%。

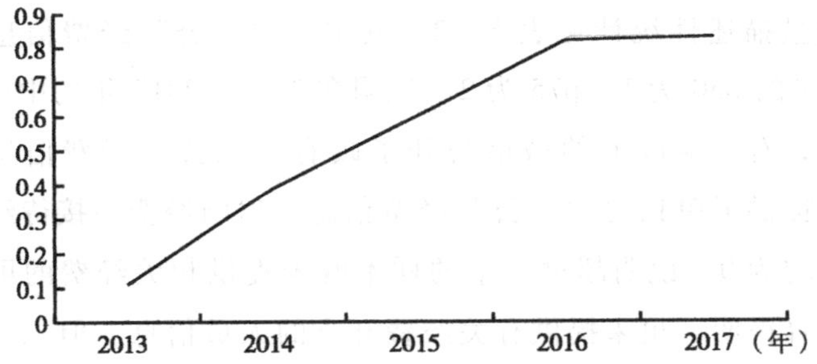

图 5－1　公开“三公”经费的地级市数量占比历年变化

5.4.2　两组样本“三公”经费信息披露变化趋势图

图 5－2 为主要被解释变量在对照组与控制组中的变化趋势。政治关系崩塌发生于崩塌前一年与崩塌第一年之间。从图 5－2 中可以看出，除公开维度外，处理组与对照组两组样本在出国经费、接待经费、公车经费信息披露质量的变化与和披露总分的变化基本一致。在公开与否维度中，政治关系发生崩塌以前，处理组与对照组均按照相同幅度提升“三公”信息的公开水平。政治关系发生崩塌以后，尽管处理组仍在提升信息的公开水平，但在政治关系崩塌后的首年，处理组“三公”经费信息公开情况的上升幅度明显小于对照组。在总分、出国经费、接待经费和公车经费披露四个衡量信息披露详细程度的维度中，政治关系崩塌以前，处理组与对照组均按照相同幅度提升“三公”经费信息披露质量。政治关系崩塌以后，对照组样本仍按照原有幅度提升信息披露质量，但处理组的信息披露质量却未见该提升变化，甚至略有降低，在关系崩塌后的第二年才开始有所提升，且提升幅度仍然小于对照组。

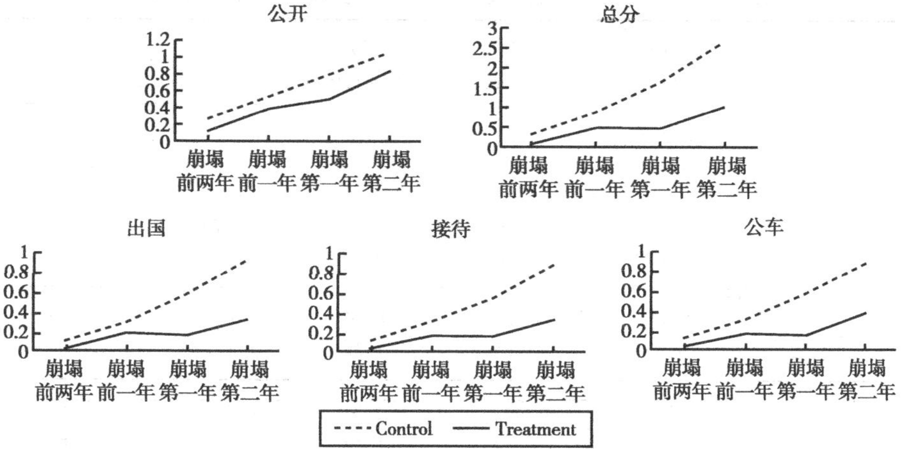

图5-2 两组样本披露变化趋势图

5.4.3 政治关系破裂对“三公”经费披露的影响

在表5-3中，我们观测了地级市市长政治关系发生破裂对“三公”经费信息披露质量的影响。基于双重差分法将数据带入模型（5-1）进行回归。列（1）至列（5）分别是“三公”经费公开、披露总分、出国经费披露、接待经费披露与公车经费披露的分析结果。回归结果显示，列（1）中政治关系破裂变量（Break）的系数在5%的水平上显著为负，说明城市主政官员的政治关系崩塌显著降低了该市“三公”经费信息公开程度。列（2）至列（5）中政治关系破裂变量（Break）的系数均在1%的水平上显著为负，说明城市主政官员的政治关系崩塌对城市“三公”经费披露的详细程度存在显著的负向影响。上述发现说明，市长政治关系崩塌以后，当地政府会显著降低“三公”经费信息公开的程度与披露质量，避免引发公众和上级政府进一步的关注。这验证了前述理论中的监督假设，官员有动机降低信息披露质量。即当在任市长的政治关系发生崩塌时，由于上级能够给予的政治庇护丧失，为了避免引起社会公众和上级政府对当地政府“三公”经费使用情况的过多关注，发现在任市级领导的潜在不当消费行为，当地政府会显著地降低“三公”经费信息披露质量。

表 5－3 政治关系破裂对政府“三公”经费信息披露的影响

Variables	(1) Open	(2) T_score	(3) Overseas	(4) Receptions	(5) Cars
Break	－0.230** (－2.26)	－1.189*** (－3.21)	－0.444*** (－3.31)	－0.332*** (－2.79)	－0.409*** (－3.31)
L. dis	0.084* (1.87)	0.132 (0.94)	0.043 (0.90)	0.047 (1.01)	0.043 (0.91)
Prosg	0.117 (1.45)	0.246 (1.35)	0.087 (1.38)	0.086 (1.47)	0.069 (1.09)
Age	0.177*** (3.32)	0.732*** (3.55)	0.271*** (3.56)	0.227*** (3.17)	0.228*** (3.69)
Tenure	0.011 (0.40)	0.102 (0.86)	0.019 (0.41)	0.039 (0.91)	0.043 (1.24)
Gdp	0.201 (0.44)	2.096 (1.44)	0.606 (1.19)	0.767 (1.59)	0.621 (1.28)
Debt	0.299*** (2.75)	－0.212 (－0.56)	－0.000 (－0.00)	－0.104 (－0.83)	－0.081 (－0.64)
Expense	0.003 (0.01)	－0.612 (－0.46)	－0.166 (－0.35)	－0.253 (－0.57)	－0.106 (－0.25)
Baidu	－0.081 (－0.79)	－0.526 (－1.44)	－0.162 (－1.30)	－0.193 (－1.57)	－0.171 (－1.40)
Population	0.081 (0.11)	0.189 (0.06)	0.067 (0.06)	－0.094 (－0.08)	0.316 (0.33)
Constant	－10.612* (－1.94)	－42.071** (－2.05)	－15.327** (－2.17)	－11.965 (－1.61)	－15.599*** (－2.60)
Year FE	Yes	Yes	Yes	Yes	Yes
Official FE	Yes	Yes	Yes	Yes	Yes
Observations	1187	1187	1187	1187	1187
R－squared	0.263	0.326	0.337	0.314	0.307
Number of group	411	411	411	411	411

5.4.4 稳健性检验

5.4.4.1 倾向得分匹配法

为了确保上述回归结果的稳健性，缓解官员特征、城市特征对主回归结果的影响，我们以市长的上任年龄、任期、在任年限、GDP 总额、负债水平、财政支出、百度指数和人口数量分年度对处理组样本进行匹配，寻找与处理组样本在市长特征与城市特征均较为接近的样本作为控制组，采用倾向评分匹配法（Propensity Score Matching，PSM）对前述结果进行验证。PSM 匹配后的回归结果如表 5-4 所示。在列（1）中，政治关系破裂变量（Break）的系数在 10% 的水平上显著为负，在列（2）至列（5）中，政治关系破裂变量（Break）的系数在 1% 的水平上显著为负。结果与前文主回归一致。市长的政治关系崩塌对城市“三公”经费披露存在显著的负向影响。

表 5-4 政治关系破裂对政府“三公”信息披露的影响（PSM）

Variables	(1) Open	(2) T_score	(3) Overseas	(4) Receptions	(5) Cars
Break	-0.212* (-1.74)	-1.030*** (-2.98)	-0.373*** (-3.01)	-0.310*** (-2.82)	-0.347*** (-2.96)
L. dis	0.030 (0.29)	-0.276 (-0.95)	-0.095 (-0.97)	-0.092 (-1.01)	-0.089 (-0.87)
Prosg	-0.108 (-1.13)	-0.433 (-1.59)	-0.129 (-1.45)	-0.119 (-1.37)	-0.184* (-1.83)
Age	0.168* (1.91)	0.667** (2.27)	0.249** (2.28)	0.222** (2.07)	0.196** (2.38)
Tenure	-0.091* (-1.89)	0.010 (0.07)	0.005 (0.09)	0.015 (0.25)	-0.010 (-0.22)
Gdp	1.530 (1.57)	3.975 (1.28)	1.080 (1.01)	1.461 (1.35)	1.434 (1.44)
Debt	0.501*** (4.34)	-0.329 (-0.75)	-0.154 (-1.12)	-0.092 (-0.62)	-0.084 (-0.52)

续表

Variables	(1) Open	(2) T_score	(3) Overseas	(4) Receptions	(5) Cars
Expense	0.229 (0.32)	0.654 (0.37)	0.156 (0.25)	0.198 (0.30)	0.300 (0.58)
Baidu	-0.259* (-1.67)	-0.566 (-1.12)	-0.163 (-0.91)	-0.222 (-1.29)	-0.181 (-1.08)
Population	-0.938 (-1.14)	-18.837*** (-3.81)	-6.974*** (-3.62)	-6.747*** (-3.63)	-5.115*** (-4.00)
Constant	-16.892 (-1.51)	42.989 (1.09)	19.897 (1.36)	16.477 (1.14)	6.614 (0.60)
Year FE	Yes	Yes	Yes	Yes	Yes
Official FE	Yes	Yes	Yes	Yes	Yes
Observations	263	263	263	263	263
R - squared	0.371	0.361	0.352	0.370	0.338
Number of group	84	84	84	84	84

5.4.4.2 缩短观测窗口

在上述回归中，我们对处理组的市长关系崩塌后的全部任职年度均赋值1，观测了市长政治关系崩塌后全部任职年度中“三公”经费信息披露决策相对于关系崩塌前的变化。为了更加直观地观测政治关系崩塌后第一年官员的“三公”信息披露决策，我们缩短窗口期，仅观测政治关系崩塌前后各一年政府“三公”经费披露质量的变化差异。据此构建了政治关系崩塌变量Break1，赋值方式为处理组样本政治关系发生崩塌的前一年赋值0，政治关系发生崩塌的后一年赋值1，对照组样本均赋值0。由于对照组样本为任期大于一年的市长，该部分市长在连任期间的任意前后两年，均可成为对应年度发生关系崩塌市长的对照组样本，因此我们对处理组样本进行缩短窗口期处理，对照组样本与主回归中使用的样本保持一致。回归结果如表5-5所示，政治关系崩塌变量（Break1）在全部回归中均显著为负。回归结果说明，相比政治关系没有发生变化的市长，政治关系发生崩塌的市长在关系崩塌的后一年显著降低了“三公”经费信息披露质量。

表 5-5　政治关系崩塌对政府“三公”经费信息披露的影响（前后各观测一年）

Variables	(1) Open	(2) T_score	(3) Overseas	(4) Receptions	(5) Cars
Break1	-0.271 ** (-2.52)	-1.062 *** (-2.92)	-0.385 *** (-2.94)	-0.301 *** (-2.85)	-0.374 *** (-2.81)
L. dis	0.051 (1.07)	0.110 (0.73)	0.032 (0.62)	0.044 (0.89)	0.036 (0.71)
Prosg	0.127 (1.51)	0.314 (1.61)	0.110 (1.62)	0.114 * (1.82)	0.086 (1.26)
Age	0.189 *** (3.14)	0.782 *** (4.39)	0.301 *** (4.70)	0.244 *** (4.09)	0.230 *** (3.92)
Tenure	0.025 (0.75)	0.095 (0.96)	0.003 (0.10)	0.036 (1.07)	0.053 (1.56)
Gdp	0.063 (0.13)	1.256 (0.83)	0.289 (0.54)	0.505 (1.01)	0.350 (0.70)
Debt	0.291 *** (2.88)	-0.334 (-0.84)	-0.037 (-0.27)	-0.156 (-1.16)	-0.114 (-0.86)
Expense	-0.008 (-0.02)	-0.407 (-0.29)	-0.093 (-0.19)	-0.211 (-0.45)	-0.002 (-0.00)
Baidu	-0.069 (-0.61)	-0.544 (-1.29)	-0.167 (-1.17)	-0.190 (-1.36)	-0.186 (-1.31)
Population	0.261 (0.34)	3.130 ** (2.30)	1.147 *** (2.85)	0.942 * (1.79)	1.150 *** (2.78)
Constant	-11.186 ** (-1.97)	-58.789 *** (-4.06)	-21.966 *** (-4.56)	-17.657 *** (-3.51)	-20.137 *** (-4.25)
Year FE	Yes	Yes	Yes	Yes	Yes
Official FE	Yes	Yes	Yes	Yes	Yes
Observations	1082	1082	1082	1082	1082
R - squared	0.269	0.335	0.347	0.323	0.318
Number of group	411	411	411	411	411

5.4.4.3 平行趋势检验

采用双重差分模型的前提是样本是否满足平行趋势假设，即在外生冲击发生前，处理组样本与对照组样本的变化趋势一致，不存在显著的系统性差异。借鉴 Gilje 和 Taillard（2016）以及 Amore 和 Minichilli（2018）的做法，我们进一步构建政治关系崩塌前一年（Break－1）变量，Break－1 的赋值方式为：处理组样本在政治关系发生崩塌的前一年赋值 1，政治关系发生崩塌的前两年赋值 0。政治关系没有发生变化的样本均赋值 0。回归结果如表 5－6 所示，在列（1）至列（5）中，政治关系发生崩塌前一年变量（Break－1）的系数均不显著，处理组和对照组的“三公”经费的公开情况和披露详细程度，在政治关系发生崩塌的前一年和前两年的变化趋势不存在显著差异，样本符合平行趋势假定。

表 5－6 平行趋势检验

Variables	(1) Open	(2) T_score	(3) Overseas	(4) Receptions	(5) Cars
Break－1	0.184 (0.80)	0.934 (1.11)	0.306 (1.12)	0.318 (1.13)	0.306 (1.08)
L. dis	0.072 (1.44)	－0.093 (－1.05)	－0.088 (－1.01)	－0.062 (－0.75)	－0.055 (－0.67)
Prosg	0.128 (1.36)	0.318 (1.48)	0.105 (1.39)	0.114 (1.63)	0.094 (1.29)
Age	0.157*** (2.59)	0.821*** (4.47)	0.311*** (4.74)	0.251*** (4.10)	0.241*** (4.05)
Tenure	0.041 (1.23)	0.158 (1.52)	0.025 (0.66)	0.058 (1.64)	0.071* (1.96)
Gdp	0.010 (0.02)	0.846 (0.56)	0.131 (0.25)	0.378 (0.76)	0.224 (0.45)
Debt	0.307*** (2.97)	－0.307 (－0.78)	－0.032 (－0.23)	－0.142 (－1.07)	－0.107 (－0.82)
Expense	0.097 (0.23)	－0.395 (－0.27)	－0.055 (－0.11)	－0.199 (－0.40)	－0.013 (－0.03)

续表

Variables	(1) Open	(2) T_score	(3) Overseas	(4) Receptions	(5) Cars
Baidu	-0.103 (-0.87)	-0.682 (-1.49)	-0.217 (-1.40)	-0.237 (-1.55)	-0.229 (-1.51)
Population	0.326 (0.45)	3.622*** (2.81)	1.317*** (3.47)	1.123** (2.28)	1.247*** (3.15)
Constant	-11.077** (-2.04)	-60.542*** (-4.34)	-22.757*** (-4.87)	-18.254*** (-3.81)	-20.125*** (-4.41)
Year FE	Yes	Yes	Yes	Yes	Yes
Official FE	Yes	Yes	Yes	Yes	Yes
Observations	1024	1024	1024	1024	1024
R-squared	0.273	0.351	0.365	0.335	0.334
Number of group	388	388	388	388	388

此外，图5-2也直观展示了“三公”经费信息披露质量在政治关系发生崩塌前后的变化趋势。在政治关系发生崩塌之前，处理组与对照组样本的“三公”经费信息公开情况和披露详细程度均呈现出平行上升的趋势。图5-2为我们的平行趋势检验提供了佐证，处理组与对照组“三公”经费信息披露质量在政治关系发生崩塌前的变化趋势基本一致，再次支持样本数据符合平行趋势假设，可以采用双重差分法对数据进行分析。特别地，从图中还可以看出，在政治关系发生破裂后的第一年，处理组样本与对照组样本的“三公”经费信息披露程度出现明显不同的变化，对照组样本的“三公”经费公开情况和披露详细程度仍在稳步上升，处理组样本的“三公”经费公开情况和披露详细程度却未见明显上升。图5-2直观说明了政治关系破裂对“三公”经费信息披露存在显著的负向影响。

5.4.5 政治关系破裂对“三公”经费披露影响的作用机制检验

我们定义的政治关系崩塌为，市长与落马省级领导在过去存在共同工作经历，且省级领导落马时，有共同工作经历的市长与其在同一省份工作。当此类政治关系丧失后，省级领导对市长的庇护消失，同时也可能因为在任市长与省级领导之间的政治关系而受到牵连，对市长同时产生“保护丧失”和“威慑”两种效应。此外，如果省级领导官员落马时，与有政治关联的市长并不在同一省份工作，即过去曾经有过共同工作经历的市长与省级领导现在并不在同一省级行政区域工作，省级领导很难直接为市长提供政治庇护。当此类政治关系丧失后，市长可能因过去的共同工作经历受到牵连，因而该关系的破裂对市长仅存在“威慑”效应。主要样本描述见图5－3。

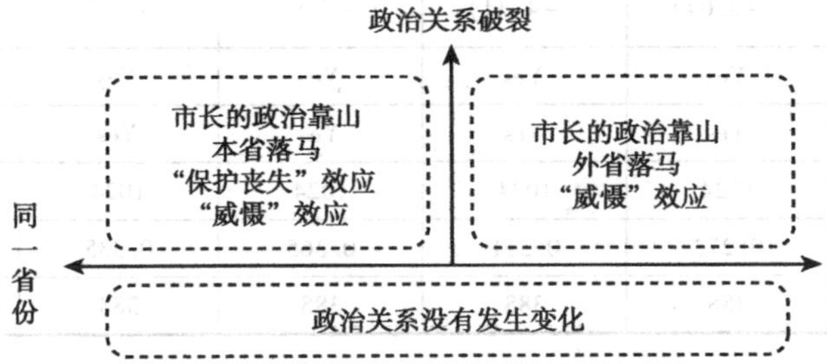

图5－3　样本描述

在基准回归检验及后续的分组检验中，均采用图5－3中市长的关系领导在本省落马的样本作为处理组，而将其他所有样本一起作为控制组。这样做的主要原因是，省级领导与有政治关系的市长在同一省份工作，能够对市长的政治生涯和晋升仕途产生重要影响：首先，市长可以利用与省级领导的政治关系，为当地争取更多的资源倾斜，提升当地经济业绩与福利水平；其次，省级领导能够影响同一省份地级市市长的晋升，与同一省份省级领导有政治关系的市长更有可能获得晋升。该类政治关系破裂将会对关系市长的晋升仕途产生重大影响，改变市长的晋升动机，进一步影响其信息披露动机。反之，省级领导与有政治关系的市长不在同一省份工作时，政治关系既不能为市长带来更多资源，也无法直接影响市长的晋升。该类政治关系破裂对市长的个人效用决策不会产生重大影响。因此我们将市长的政治靠山在本省落马的样本作为处理组，将与政治关系未发生变化的样本一并归入控制组。

但在本部分中，为了区分政治关系破裂中的保护丧失效应与威慑效应对政府“三公”经费信息披露质量的影响，我们也分别检验了不同类型的政治关系崩塌对政府“三公”经费信息披露的影响，详见表 5 - 7 和表 5 - 8。

5.4.5.1　识别政治关系中保护丧失对政府“三公”经费信息披露的影响

在该部分，我们将市长的政治靠山在本省落马的样本作为处理组，将市长的政治靠山在外省落马的样本作为控制组。观测城市主政官员政治关系中保护的丧失，对“三公”经费信息披露质量的影响。为此构建如下双重差分模型：

$$Disclosure = \beta_0 + \beta_1 Protect + Controls + \delta + \sigma + \varepsilon \qquad (5-2)$$

模型（5 - 2）的主要解释变量为 Protect，该变量用来衡量因政治关系破裂带来的政治保护的丧失对政府“三公”经费披露质量的影响。赋值方式为处理组样本政治关系破裂以后年度均赋值 1，政治关系破裂以前年度均赋值 0，对照组样本均赋 0。变量 Protect 的系数 β_1 代表了官员政治保护的丧失对“三公”经费信息披露质量的影响。Controls 为一系列控制变量，与上文中使用的控制变量保持一致。δ 为官员层面的固定效应，用于控制官员之间的异质性因素带来的影响；σ 为年度固定效应，用于控制时间因素带来的异质效应；ε 是随机扰动项。回归结果如表 5 - 7 所示，除列（1）中 Protect 的系数不显著以外，列（2）至列（5）中，Protect 变量的系数估计值均在 1% 的水平上显著为负。回归结果说明，市长政治关系中保护作用的丧失显著降低了城市“三公”经费披露质量。

表 5 - 7　政治关系中保护的丧失对政府“三公”信息披露的影响

Variables	(1) Open	(2) T_score	(3) Overseas	(4) Receptions	(5) Cars
Protect	-0.189 (-1.49)	-1.261*** (-3.23)	-0.470*** (-3.37)	-0.338*** (-2.79)	-0.453*** (-3.34)
L. dis	0.077 (1.04)	0.059 (0.26)	0.014 (0.17)	0.010 (0.14)	0.035 (0.45)
Prosg	0.014 (0.14)	0.115 (0.48)	0.071 (0.87)	0.035 (0.45)	0.010 (0.11)
Age	0.190** (2.45)	0.853*** (3.50)	0.316*** (3.48)	0.256*** (3.06)	0.281*** (3.74)

续表

Variables	(1) Open	(2) T_score	(3) Overseas	(4) Receptions	(5) Cars
Tenure	0.016 (0.33)	0.123 (0.76)	0.035 (0.58)	0.044 (0.74)	0.045 (0.92)
Gdp	-0.225 (-0.34)	1.325 (0.63)	0.329 (0.45)	0.501 (0.72)	0.495 (0.68)
Debt	0.312*** (3.36)	0.012 (0.03)	0.017 (0.12)	0.007 (0.06)	-0.013 (-0.09)
Expense	0.132 (0.24)	-0.317 (-0.17)	-0.159 (-0.26)	-0.068 (-0.12)	-0.089 (-0.14)
Baidu	-0.129 (-1.03)	-0.301 (-0.71)	-0.049 (-0.33)	-0.155 (-1.11)	-0.098 (-0.69)
Population	-0.707 (-0.56)	-13.529** (-2.04)	-5.053** (-2.07)	-4.899** (-2.15)	-3.577* (-1.80)
Constant	-5.256 (-0.55)	32.921 (0.86)	14.048 (0.99)	13.784 (1.04)	5.088 (0.44)
Year FE	Yes	Yes	Yes	Yes	Yes
Official FE	Yes	Yes	Yes	Yes	Yes
Observations	453	453	453	453	453
R - squared	0.286	0.358	0.361	0.350	0.336
Number of group	147	147	147	147	147

5.4.5.2 识别政治关系中的威慑作用对政府“三公”经费信息披露的影响

在该部分，我们将市长的政治靠山在外省落马的样本作为处理组，将政治关系未发生变化的样本作为控制组。观测市长政治关系破裂后的威慑作用，对“三公”经费信息披露质量的影响。为此构建如下双重差分模型：

$$Disclosure = \beta_0 + \beta_1 Deterrent + Controls + \delta + \sigma + \varepsilon \quad (5-3)$$

模型（5-3）的主要被解释变量为 Deterrent，该变量用来衡量因政治关系破裂带来的威慑效应对政府“三公”经费信息披露质量的影响。赋值方式为处理组样本政治关系破裂以后年度均赋值 1，政治关系破裂以前年度均赋值 0，对照组样本均赋 0。变量 Deterrent 的系数 β_1 代表了官员政治关系破裂后的威慑效应对“三公”经费信息披露质量的影响。Controls 为一系列控制变量，与上文中使用的控制变量保持一致。δ 为官员层面的固定效应，用于控制官员之间的异质性因素带来的影响；σ 为年度固定效应，用于控制时间因素带来的异质效应；ε 是随机扰动项。回归结果如表 5-8 所示，在全部的回归结果中，Deterrent 变量的回归系数均不显著。未发现市长政治关系破裂中的牵连作用对城市“三公”经费披露质量的变化存在显著影响。

表 5-8　政治关系中的威慑效应对政府“三公”经费信息披露的影响

Variables	(1) Open	(2) T_score	(3) Overseas	(4) Receptions	(5) Cars
Deterrent	0.018 (0.17)	0.097 (0.32)	-0.002 (-0.02)	0.028 (0.27)	0.074 (0.71)
L. dis	0.065 (1.32)	0.118 (0.77)	0.035 (0.66)	0.047 (0.93)	0.038 (0.73)
Prosg	0.143 (1.48)	0.372* (1.73)	0.119 (1.57)	0.132* (1.89)	0.115 (1.59)
Age	0.159** (2.52)	0.721*** (3.78)	0.284*** (4.20)	0.220*** (3.47)	0.208*** (3.30)
Tenure	0.041 (1.19)	0.146 (1.46)	0.022 (0.60)	0.055 (1.63)	0.067* (1.92)
Gdp	0.004 (0.01)	0.988 (0.64)	0.154 (0.28)	0.421 (0.83)	0.302 (0.59)
Debt	0.292*** (2.90)	-0.368 (-0.91)	-0.044 (-0.32)	-0.164 (-1.19)	-0.133 (-0.96)
Expense	0.094 (0.22)	-0.279 (-0.19)	-0.030 (-0.06)	-0.169 (-0.35)	0.025 (0.05)
Baidu	-0.089 (-0.74)	-0.658 (-1.43)	-0.206 (-1.32)	-0.228 (-1.50)	-0.225 (-1.46)
Population	0.315 (0.42)	3.314*** (2.64)	1.227*** (3.37)	1.032** (2.16)	1.166*** (2.97)

续表

Variables	(1) Open	(2) T_score	(3) Overseas	(4) Receptions	(5) Cars
Constant	-11.036** (-2.00)	-56.487*** (-3.95)	-21.450*** (-4.48)	-16.926*** (-3.44)	-19.106*** (-4.05)
Year FE	Yes	Yes	Yes	Yes	Yes
Official FE	Yes	Yes	Yes	Yes	Yes
Observations	969	969	969	969	969
R - squared	0.272	0.347	0.361	0.333	0.332
Number of group	343	343	343	343	343

上述回归结果说明，政治关系发生崩塌以后官员降低“三公”经费披露质量，主要的原因是原有政治“靠山”保护效应的丧失，而不是因政治“靠山”受到调查而引发的牵连效应。

5.5 进一步分析

在后续的进一步检验中，主要考察官员在具备晋升动机的情况下，是否需要通过“三公”经费信息披露释放出执政清廉的信号，以及在这种情况下，信号假说发挥的财务信息披露质量提升效应能否一定程度地缓解监督假说下政治“靠山”倒塌对财务信息披露的负面影响。我们使用模型（5-4），分别考察了经济业绩、可能的造假动机、官员晋升动机和融资压力，对政治关系破裂与“三公”经费信息披露质量关系的调节效应。

$$\text{Disclosure} = \beta_0 + \beta_1 \text{Break} + \beta_2 \text{Break} \times \text{Characteristic} + \beta_3 \text{Characteristic} + \text{Controls} + \delta + \sigma + \varepsilon \qquad (5-4)$$

5.5.1 经济业绩、政治关系崩塌与“三公”经费披露

经济业绩是影响中国官员晋升的另一重要因素。经济业绩的表现会

对官员的个人效用目标产生影响，进一步影响其信息披露行为。官员政治关系发生破裂以后，一方面可能会因关系的存在面临政治问责，另一方面也失去政治关系带来的保护，同时丧失关系带来的收益和资源倾斜，晋升的可能性降低，晋升压力增加。若官员所在辖区的经济业绩表现较好，尽管政治关系破裂给官员晋升带来了不利影响，但较佳的经济业绩仍可以成为官员获得晋升的一个机会，官员的晋升动机将发挥作用。此时，市长可能会通过提升“三公”经费信息披露质量，发出清廉信号，展现廉洁的政府形象，赢得公众声誉，缓解政治关系丧失对官员晋升的负向影响。

我们构建变量 prf1 衡量官员的经济业绩，经济业绩变量（prf1）的赋值方式为：地级市当年实际 GDP 增长率大于等于省级 GDP 目标增长率取 1，否则取 0。选择省级 GDP 增长目标作为地级市 GDP 增长率的比较基准，主要是因为省级 GDP 增长率目标是当年省级领导确定的全省需要达到的增长率目标，若地级市实际 GDP 增长率大于该既定增长率目标，则说明该地级市对当年的省级 GDP 增长率有贡献，没有给省级政府的业绩“拖后腿”，经济业绩表现较好。反之若地级市实际 GDP 增长率小于省级的 GDP 增长率目标，说明该地级市拉低了当年的省级 GDP 增长率，对省级既定增长目标有一个不利的影响，经济业绩表现较差。回归结果显示（见表 5 -9），在列（1）中，政治关系破裂与经济业绩的交乘项（Break × prf1）系数不显著，说明未发现较佳的经济业绩能够缓解政治关系破裂对“三公”经费公开总体程度的负向影响。在列（2）至列（5）中，政治关系破裂与经济业绩的交乘项（Break × prf1）的系数均在 5% 的水平上显著为正，说明较佳的经济业绩能够缓解政治关系崩塌对“三公”经费披露详细程度的负向影响。上述结果说明，地级市实际 GDP 业绩超过省级 GDP 增长率目标时，官员具备的晋升动机可能会通过更详细地公开“三公”经费信息来释放执政清廉的信号，因而能够缓解政治关系崩塌对“三公”经费信息披露的负向影响。即信号假说发挥的财务信息披露质量提升效应能一定程度地缓解监督假说下政治关系破裂对财务信息披露的负面影响。

表 5-9 省级 GDP 目标完成情况、政治关系崩塌与“三公”经费信息披露

Variables	(1) Open	(2) T_score	(3) Overseas	(4) Receptions	(5) Cars
Break	-0.360** (-2.46)	-1.744*** (-3.37)	-0.644*** (-3.45)	-0.494*** (-2.93)	-0.606*** (-3.57)
Break × prfl	0.177 (1.29)	0.945** (2.26)	0.335** (2.34)	0.286** (2.05)	0.337** (2.43)
prfl	0.056 (0.96)	-0.335* (-1.84)	-0.102* (-1.68)	-0.128** (-2.11)	-0.126** (-2.07)
L. dis	0.086* (1.92)	0.137 (0.97)	0.046 (0.94)	0.047 (1.03)	0.045 (0.94)
Prosg	0.122 (1.50)	0.207 (1.14)	0.074 (1.18)	0.071 (1.23)	0.055 (0.87)
Change	-0.051 (-0.81)	-0.048 (-0.25)	-0.012 (-0.19)	-0.020 (-0.32)	-0.026 (-0.40)
Age	0.173*** (3.16)	0.704*** (3.25)	0.263*** (3.32)	0.215*** (2.88)	0.216*** (3.31)
Tenure	0.005 (0.16)	0.091 (0.76)	0.016 (0.34)	0.035 (0.81)	0.038 (1.09)
Gdp	0.166 (0.36)	2.142 (1.49)	0.616 (1.21)	0.790* (1.65)	0.640 (1.34)
Debt	0.291*** (2.71)	-0.166 (-0.45)	0.013 (0.10)	-0.087 (-0.71)	-0.064 (-0.52)
Expense	0.023 (0.06)	-0.531 (-0.40)	-0.140 (-0.30)	-0.225 (-0.51)	-0.073 (-0.17)
Baidu	-0.091 (-0.86)	-0.536 (-1.48)	-0.167 (-1.35)	-0.194 (-1.60)	-0.174 (-1.44)
Population	0.072 (0.09)	0.067 (0.02)	0.023 (0.02)	-0.130 (-0.10)	0.274 (0.28)
Constant	-10.374* (-1.85)	-41.223** (-1.98)	-15.063** (-2.11)	-11.656 (-1.56)	-15.251** (-2.51)
Year FE	Yes	Yes	Yes	Yes	Yes
Official FE	Yes	Yes	Yes	Yes	Yes
Observations	1187	1187	1187	1187	1187
R-squared	0.267	0.331	0.342	0.319	0.313
Number of group	411	411	411	411	411

5.5.2　可能的造假、政治关系崩塌与“三公”经费披露

可能的数据造假是否会进一步加剧地方政府避免公众监督的动机，并增强了市长政治关系崩塌对地方“三公”经费信息披露质量的负向影响，值得进一步分析。本部分中，我们分别采取 GDP 的潜在造假和审计查处问题的严重程度来度量可能的数据造假。

5.5.2.1　经济业绩造假

Lyu 等（2018）的研究发现，地方政府实际 GDP 增长率与 GDP 增长目标之间的差额在 0 点处的样本分布存现明显断点。官员可能对 GDP 增长率存在策略性管理，使得地方政府实际 GDP 增长率恰好达到预期 GDP 增长率目标，展现出圆满完成预定增长目标的较佳业绩。对 GDP 增长率进行策略性调整的官员，也具备动机对“三公”经费数据进行调整。对“三公”经费进行调整的官员更有可能降低“三公”经费披露质量，通过披露较为模糊的信息，避免公众关注。参考已有文献的做法（Lyu 等，2018），我们将地级市实际 GDP 增长率与省级 GDP 增长目标差额在 0—0.1 之间的样本视为可能经济业绩可能存在造假的样本。

造假动机变量（fake1）的赋值方式为：地级市实际 GDP 增长率与省级 GDP 增长目标差额在 0—0.1 之间取 1，否则取 0。回归结果如表 5－10 所示，政治关系破裂与造假动机的交乘项（Break × fake1）均显著为负，说明市长存在造假动机以增加政治关系崩塌对“三公”经费披露的负向影响。

表 5－10　经济业绩造假、政治关系崩塌与“三公”经费信息披露

Variables	(1) Open	(2) T_score	(3) Overseas	(4) Receptions	(5) Cars
Break	−0.215 ** (−2.12)	−1.123 *** (−2.98)	−0.414 *** (−3.07)	−0.312 ** (−2.58)	−0.395 *** (−3.15)
Break × fake1	−0.522 ** (−2.14)	−2.182 ** (−2.54)	−0.878 *** (−3.03)	−0.702 *** (−2.74)	−0.656 ** (−1.98)
fake1	0.156 (1.58)	0.548 * (1.69)	0.208 ** (2.08)	0.161 (1.50)	0.234 ** (2.16)

续表

Variables	(1) Open	(2) T_score	(3) Overseas	(4) Receptions	(5) Cars
L. dis	0.085* (1.86)	0.136 (0.96)	0.045 (0.91)	0.048 (1.04)	0.044 (0.92)
Prosg	0.109 (1.37)	0.218 (1.21)	0.079 (1.26)	0.076 (1.31)	0.056 (0.88)
Age	0.171*** (3.23)	0.707*** (3.40)	0.262*** (3.43)	0.218*** (3.02)	0.218*** (3.51)
Tenure	0.013 (0.47)	0.110 (0.93)	0.021 (0.48)	0.042 (0.98)	0.046 (1.33)
Gdp	0.211 (0.46)	2.149 (1.46)	0.618 (1.20)	0.791 (1.62)	0.640 (1.31)
Debt	0.294*** (2.73)	-0.232 (-0.61)	-0.007 (-0.05)	-0.111 (-0.88)	-0.090 (-0.70)
Expense	0.001 (0.00)	-0.619 (-0.47)	-0.159 (-0.34)	-0.260 (-0.59)	-0.118 (-0.28)
Baidu	-0.081 (-0.80)	-0.527 (-1.46)	-0.163 (-1.34)	-0.193 (-1.59)	-0.171 (-1.42)
ins2	-0.129 (-0.71)	-0.510 (-0.86)	-0.144 (-0.74)	-0.189 (-0.96)	-0.232 (-1.15)
Population	0.052 (0.07)	0.069 (0.02)	0.041 (0.04)	-0.143 (-0.12)	0.255 (0.27)
Constant	-10.141* (-1.91)	-40.256** (-2.01)	-14.905** (-2.16)	-11.259 (-1.56)	-14.650** (-2.51)
Year FE	Yes	Yes	Yes	Yes	Yes
Official FE	Yes	Yes	Yes	Yes	Yes
Observations	1187	1187	1187	1187	1187
R-squared	0.268	0.333	0.346	0.321	0.315
Number of group	411	411	411	411	411

5.5.2.2 政府审计发现的问题

政府审计是政府审计机关对政府财政收支进行检察并监督的过程。政府审计过程中查处的问题金额越多，说明当年政府在财政收支过程中存在越多不合理和不合规的开销。据此，我们统计了地级市政府各年审计发现问题涉及金额数，并以此作为衡量政府造假动机的另一指标。造假动机（审计视角 Audit）的赋值方式为：审计发现问题涉及金额数高于均值取 1，低于均值取 0。回归结果如表 5 - 11 所示，在列（2）、列（3）和列（5）中，政治关系破裂与审计问题的交乘项（Break × Audit）均显著为负，说明较高的审计发现问题金额数会增强政治关系崩塌对“三公”经费披露质量总分、出国经费披露质量，以及公车经费披露质量的负向影响。

表 5 - 11　政府审计、政治关系崩塌与“三公”经费信息披露

Variables	(1) Open	(2) T_score	(3) Overseas	(4) Receptions	(5) Cars
Break	-0.210* (-1.68)	-0.638 (-1.54)	-0.228 (-1.61)	-0.177 (-1.26)	-0.224 (-1.64)
Break × Audit	-0.071 (-0.45)	-1.362* (-1.83)	-0.545** (-2.07)	-0.378 (-1.57)	-0.448* (-1.78)
Audit	0.014 (0.20)	0.087 (0.37)	0.033 (0.40)	0.019 (0.24)	0.043 (0.53)
L. dis	0.081* (1.72)	0.099 (0.68)	0.032 (0.65)	0.036 (0.76)	0.032 (0.64)
Prosg	0.128 (1.56)	0.254 (1.35)	0.088 (1.36)	0.089 (1.47)	0.072 (1.11)
Age	0.184*** (2.96)	0.836*** (4.07)	0.307*** (4.12)	0.259*** (3.60)	0.264*** (4.20)
Tenure	0.017 (0.59)	0.125 (1.06)	0.024 (0.55)	0.047 (1.08)	0.052 (1.49)
Gdp	0.102 (0.22)	1.403 (0.96)	0.335 (0.65)	0.558 (1.14)	0.403 (0.83)
Debt	0.319*** (2.99)	-0.199 (-0.51)	0.006 (0.04)	-0.098 (-0.75)	-0.082 (-0.62)
Expense	-0.049 (-0.12)	-0.889 (-0.65)	-0.235 (-0.49)	-0.338 (-0.74)	-0.226 (-0.51)
Baidu	-0.073 (-0.72)	-0.521 (-1.42)	-0.161 (-1.29)	-0.193 (-1.55)	-0.168 (-1.38)

续表

Variables	(1) Open	(2) T_score	(3) Overseas	(4) Receptions	(5) Cars
Population	0.359 (0.54)	1.524 (0.61)	0.547 (0.65)	0.301 (0.30)	0.787 (1.22)
Constant	-11.145** (-2.18)	-46.170*** (-2.62)	-17.034*** (-2.86)	-13.155** (-2.02)	-16.845*** (-3.27)
Year FE	Yes	Yes	Yes	Yes	Yes
Official FE	Yes	Yes	Yes	Yes	Yes
Observations	1136	1136	1136	1136	1136
R-squared	0.262	0.339	0.352	0.325	0.321
Number of group	402	402	402	402	402

综上，官员在经济业绩中存在造假可能以及财政收支中不合规的金额越多，均会增强政治关系崩塌对“三公”经费信息披露的负向影响。这一结果与我们理论分析结果一致，当政府财务信息存在不合理和经不起推敲的收支信息时，政府财务信息披露的“监督”效应占主导地位。官员希望进一步保持政府相关信息的垄断优势，避免社会公众和上级政府对财政收支信息的过多关注和监督，以免被发现任期中的不当消费行为，可能会降低政府“三公”经费的信息披露质量。

5.5.3 晋升动机、政治关系崩塌与“三公”经费披露

我们使用上任年龄是否大于55岁（age55）来衡量市长的晋升动机。上任年龄大于55岁的市长得到晋升的可能性较低，晋升动机较弱，可能更不愿意提升“三公”经费信息披露质量。晋升动机（age55）变量的度量方式为：市长上任年龄大于55岁取值1，否则取值0。表5-12的回归结果显示，除列（1）以外，政治关系崩塌与晋升动机的交乘项（Break × age55）均显著为负，说明市长缺乏晋升动机会增强政治关系崩塌对“三公”经费披露的负向影响。

表 5－12　直接晋升动机、政治关系崩塌与"三公"经费信息披露

Variables	(1) Open	(2) T_score	(3) Overseas	(4) Receptions	(5) Cars
Break	-0.234** (-2.22)	-1.148*** (-3.02)	-0.432*** (-3.13)	-0.316*** (-2.60)	-0.396*** (-3.13)
Break × age55	0.114 (0.90)	-1.154*** (-2.90)	-0.351** (-2.45)	-0.424*** (-3.30)	-0.364*** (-2.76)
L. dis	0.085* (1.87)	0.130 (0.92)	0.043 (0.88)	0.046 (0.99)	0.043 (0.89)
Prosg	0.117 (1.45)	0.237 (1.30)	0.084 (1.33)	0.083 (1.41)	0.067 (1.04)
Age	0.177*** (3.32)	0.730*** (3.54)	0.270*** (3.56)	0.226*** (3.16)	0.228*** (3.69)
Tenure	0.011 (0.39)	0.103 (0.87)	0.019 (0.42)	0.040 (0.93)	0.043 (1.26)
Gdp	0.199 (0.44)	2.125 (1.46)	0.615 (1.20)	0.777 (1.61)	0.630 (1.30)
Debt	0.300*** (2.76)	-0.215 (-0.57)	-0.001 (-0.01)	-0.106 (-0.84)	-0.082 (-0.65)
Expense	0.003 (0.01)	-0.611 (-0.46)	-0.166 (-0.35)	-0.253 (-0.57)	-0.105 (-0.25)
Baidu	-0.081 (-0.79)	-0.527 (-1.44)	-0.162 (-1.30)	-0.193 (-1.57)	-0.171 (-1.40)
Population	0.083 (0.11)	0.171 (0.05)	0.061 (0.05)	-0.101 (-0.08)	0.310 (0.32)
Constant	-10.606* (-1.94)	-42.132** (-2.04)	-15.346** (-2.17)	-11.987 (-1.61)	-15.619*** (-2.59)
Year FE	Yes	Yes	Yes	Yes	Yes
Official FE	Yes	Yes	Yes	Yes	Yes
Observations	1187	1187	1187	1187	1187
R - squared	0.263	0.326	0.337	0.314	0.308
Number of group	411	411	411	411	411

5.5.4 融资压力、政治关系崩塌与“三公”经费披露

西方已有文献研究发现，官员的融资动机会影响政府财务信息披露质量（Ingram 和 Dejong，1987；Raman 和 Wilson，1990；Cuny，2016）。在本部分，我们试图检验西方文献研究中，官员融资动机对政府财务信息披露质量的影响在中国地方政府中是否存在。由于地级市政府不能够直接发行债券，我们无法获取类似西方文献研究中的债务融资成本或债券评级数据。我们使用城市负债水平（Debt1）来衡量政府的融资压力，负债水平较高城市政府的融资压力可能更大。若西方文献中债券市场对政府财务信息披露质量的影响在中国地方政府中也存在，那么融资压力越大的地区，政府财务信息披露质量会越高。负债水平（Debt1）的计算方式为：城市年末金融机构贷款余额/GDP 总额。若城市负债水平高于样本均值，则 Debt1 赋值 1，否则赋值 0。回归结果见表 5 - 13，政治关系破裂与负债水平交乘项（Break × Debt1）的系数均不显著，但负债水平（Debt1）单变量在列（2）至列（5）中均显著为正，说明政府融资压力能够提升“三公”经费信息披露质量，但融资压力不能缓解政治关系崩塌对“三公”经费披露的负向影响。

表 5 - 13 融资压力、政治关系崩塌与“三公”经费信息披露

Variables	(1) Open	(2) T_score	(3) Overseas	(4) Receptions	(5) Cars
Break	-0.174 (-1.54)	-1.066** (-2.57)	-0.409*** (-2.74)	-0.290** (-2.25)	-0.366** (-2.54)
Break × Debt1	-0.207 (-1.37)	-0.607 (-0.90)	-0.195 (-0.86)	-0.202 (-0.90)	-0.207 (-0.90)
Debt1	0.197 (1.64)	1.146** (2.55)	0.410*** (2.66)	0.371** (2.45)	0.370** (2.48)
L. dis	0.085* (1.90)	0.148 (1.06)	0.049 (1.03)	0.052 (1.13)	0.048 (1.02)
Prosg	0.119 (1.47)	0.234 (1.30)	0.084 (1.35)	0.081 (1.41)	0.065 (1.04)

续表

Variables	(1) Open	(2) T_score	(3) Overseas	(4) Receptions	(5) Cars
change	-0.041 (-0.66)	-0.055 (-0.29)	-0.014 (-0.21)	-0.025 (-0.39)	-0.029 (-0.46)
Age	0.183*** (3.25)	0.587*** (2.87)	0.227*** (3.02)	0.175** (2.50)	0.178*** (2.87)
Tenure	0.000 (0.01)	0.098 (0.89)	0.017 (0.42)	0.038 (0.94)	0.040 (1.21)
Gdp	0.203 (0.44)	2.717* (1.81)	0.807 (1.52)	0.978* (1.96)	0.825* (1.66)
Expense	-0.004 (-0.01)	-0.502 (-0.38)	-0.135 (-0.29)	-0.213 (-0.49)	-0.066 (-0.16)
Baidu	-0.073 (-0.71)	-0.502 (-1.41)	-0.153 (-1.26)	-0.186 (-1.55)	-0.163 (-1.36)
Population	0.002 (0.00)	-0.525 (-0.17)	-0.177 (-0.17)	-0.329 (-0.29)	0.086 (0.10)
Constant	-10.134* (-1.93)	-37.274* (-1.96)	-13.732** (-2.11)	-10.336 (-1.50)	-13.986** (-2.51)
Year FE	Yes	Yes	Yes	Yes	Yes
Official FE	Yes	Yes	Yes	Yes	Yes
Observations	1187	1187	1187	1187	1187
R-squared	0.264	0.335	0.348	0.323	0.317
Number of group	411	411	411	411	411

5.6　本章小结

政府财务信息披露的动因是公共受托责任研究和政府会计研究中的本源性问题。已有文献提出，政府财务信息披露可能受到“信号”效应或

“监督”效用的影响（Evans 和 Patton，1987）。但如何区分两种效应的影响，以及解决官员效用目标与政府财务信息披露质量之间固有的内生性问题，均值得到进一步检验。中国政府自 2009 年以来自上而下推进的预决算公开改革以及党的十八大以来的反腐行动，为识别并分离信号假说和监督假说在地方官员财务信息披露策略中的影响效应及其作用机理，提供了恰当的研究场景。

首先，我们选择十八大召开后的反腐行动中，省级领导官员落马的政治事件造成城市主政官员政治关系破裂这一事件作为外生冲击，构建 DID 模型考察省级领导落马导致市长政治保护丧失，对地级市“三公”经费披露质量产生的影响。研究结果发现：在市长的政治关系崩塌后，地级市政府会显著降低“三公”经费信息的披露质量。在政治关系破裂前后各一年的观测窗口期中，以及采用 PSM 对样本进行匹配后，回归结果均保持一致。实证结果说明，在政治关系崩塌的情况下，地方官员为了避免“三公”经费信息披露带来的公众监督，从而主动降低了“三公”经费信息的披露质量。该发现支持了政府财务信息披露的监督假说。其次，我们还分析了政治关系破裂对“三公”经费信息披露质量的影响路径，发现市长降低“三公”经费披露质量的主要原因是原有政治保护效应的丧失。在进一步检验中，我们考察了官员具备的晋升动机能否缓解政治关系丧失对地方“三公”经费信息披露质量的负向影响，即晋升动机带来的“信号”效应能否一定程度地缓解“监督”效应对披露质量的负向影响。我们发现，较好的经济业绩能够缓解政治关系崩塌对“三公”经费信息披露的负向影响。但如果经济业绩数据存在更大可能的造假，以及审计查处更多的问题，均会增强政治关系崩塌对“三公”经费信息披露的负向影响；同时，城市主政官员缺乏晋升动机也会增强政治关系崩塌对“三公”经费信息披露的负向影响。最后，我们还尝试检验了官员融资动机对“三公”经费信息披露的影响，发现在政治关系崩塌的情况下，地级市政府具备融资压力并未显著缓解政治关系崩塌对“三公”经费信息披露的负向影响。

本章可能的研究贡献在于以下方面：一是通过中共十八大后反腐行动导致省级官员落马，给市级官员带来的关系崩塌冲击，研究城市“三公”经费信息披露质量在官员政治关系崩塌前后的变化，以便识别“三公”经费信息披露的主导效应。二是从政府财务信息披露决策这一全新视角入手，系统地分析了政治关系变化对官员信息披露行为的影响，丰富和补充了官员行为研究。三是识别了关系崩塌对官员信息披露动机影响的可能路径，发现政治关系崩塌对官员财务信息披露决策的影响主要源于政治保护的丧失，而非关系崩塌带来的牵连作用。四是完善了任命制体制下官员动机对政府财务信息披露影响因素的研究。

第6章
政府财务信息披露的经济后果

6.1 问题引入

资本市场的参与者是政府财务报告的主要使用者（Baber，1990）。已有研究在探讨政府财务信息披露的经济后果时，大多基于西方国家的债券市场，从政府信息披露的融资动机进行研究。政府通过提高财务信息披露质量来降低信息不对称，进而降低融资成本（Feroz 和 Wilson，1992；Baber 和 Gore，2013；Cuny，2016），增加债券评级（Copeland 和 Ingram，1982；Plummer 等，2007；Christopher 和 Jennifer，2017）。鲜有文献从其他视角探讨政府财务信息披露的经济后果。事实上，除债务信息以外，政府财务信息披露还能够向上级政府、投资者和社会公众传递与政府实际收入与支出相关的信息，信息使用者可以通过阅读政府财务报告知晓政府的融资和投资决策，了解政府资金在不同公共物品和福利支出中的分配方式，进而作出对自己有益的投资决策。

创业活动能够通过促进创新（Schumpeter，1934）、增加就业（Fritsch 和 Falk，2007）来促进经济增长，且该活动受企业家个人决策影响。影响创业活动发生的因素主要有两类，一是创业者的个体特征，如年龄、性别、教育水平等个人特征，或者家庭资产、社会关系网络等均可能对个人创业决策产生影响。二是地区整体特征，如基础设施、地区经济、文化、人力资本、融资约束等。近年来有研究发现，非正式制度（York 和 Lenox，

2014；Meek 等，2010；郑馨等，2017）也会对当地创业活动产生重要影响。

政府财务信息从一项保密的内部信息，到向社会公众公开，是当地社会环境中非常重大的一项变化，也可能会对地区创业水平产生影响。一方面，信息披露能够增强政府透明度，缓解政府与公众间的信息不对称。新增的信息有助于个人企业家从中发现商机，增加创业的可能。另一方面，政府财务信息披露表示政府愿意接受公众监督，向公众传递出政府诚信的信号。诚信廉洁的政府能够改善当地制度环境，降低企业的创立和经营过程中的政治成本，从而增加创业活动。

我们选择政府预决算信息公开进程中，地级行政区政府首次公开政府财务信息这一事件作为外生冲击，构建 DID 模型考察地方政府首次公开政府财务信息，增强当地政府透明度，释放政府清正廉洁信号，对当地创业活动产生影响。地级市首次进行政府财务信息公开时，均会选择首先公开当年的政府预算信息，截至 2017 年，尚未发现地级市首次预决算信息公开以决算信息为主。因而，在本部分主要以地级市首次进行预算公开的时间点作为政府首次进行财务信息披露的时点。结果发现：地级行政区政府财务信息披露能够促进当地的创业活动，且主要是促进非国有企业的创业活动。动态 DID 回归结果显示，随着政府财务信息披露年度增加，信息公开对当地企业创业活动的促进作用更强。该结果在剔除 2008 年以前公开政府预算信息的地级市样本后保持一致。在检验政府财务信息披露对不同规模企业创业的影响中，我们将企业分为小型企业、中型企业和大型企业三种类型。回归结果发现，政府财务信息披露能够促进小型企业和中型企业的创业活动，未发现政府财务信息披露对大型企业创业活动的显著影响。在检验政府财务信息披露对不同行业企业创业的影响中，我们将企业分为第一产业企业、第二产业企业和第三产业企业三种类型。结果发现，政府财务信息披露主要能够促进第二产业和第三产业企业的创业活动，对第一产业企业的创业活动未见显著影响。然后检验受政府支持行业企业与其他企业在面临政府财务信息公开时的差异，结果发现政府财务信息披露能够同时促进政府相关行业和政府不相关行业企业的创业活动，但对政府不相关行业企业的创业活动影响更大。我们可能的研究贡献在于以下方面：一是以2008年中央政府推进政府预决算信息公开进程中，地级行政区首次公开预算信息作为外生冲击，识别政府财务信息披露对当地创业活动的影响。二是首次检验了任命制体制下地方政府财务信息披露对当地经济活动产生的影响，完善了任命制体制下政府财务信息披露的后果研究。三是从政府财务信息披露这一全新视角，识别了政府行为对当地创业活动的影响，丰富和补充了企业创业影响的文献研究。

6.2 制度背景与理论分析

创业是一项识别、发现和执行尚未被实现的商业机会的活动，商业机会来源于创业者所处的周围环境中，因而创业是一个区域型事件（Regional Event）（Feldman，2001）。这意味着，创业活动除了受创业者的个人特征，包括年龄、教育水平、家庭财产和社会关系等因素的影响，还会受到外部环境因素的制约。城市是人类生活聚集和企业运营的集中地，城市所处的制度环境、经济发展水平、文化程度决定了当地的创业环境。特别地，中国是由政府主导的市场经济体制，政府政策、政府偏好和政府透明度是地区环境中最重要的部分。在一些转型国家，政府内部体系存在严重的官僚主义现象（Red Tape），致使企业难以获得某些特定的官方经营许可，增加了企业的运营成本（Blackburn 和 Sarmah，2006）。在这样的经营环境下，企业为了持续经营，需要花费大量的时间、经历和金钱与不同类型的政府机构打交道。企业家往往需要贿赂或与政府官员建立良好的政治关系，以此在企业创业和经营活动中获得一些额外优待，避免官僚主义产生的不利影响（Kaufman，1997）。可见，官僚主义政府会对企业的经营和创业活动产生严重的不利影响，而信息不对称、政府不透明则是官僚主义政府存在的基础。

政府财务信息披露能够增加政府透明度，并且向公众传递出政府诚信的信号，缓解官僚主义对创业活动的负面影响。政府透明度增加能够有效缓解信息不对称，向社会提供有关政府资金收支的信息，信息的增加会直接影响个人的创业决策。诚信的政府能够改善当地创业环境，影响个人的创业偏好，进而间接影响地区创业活动。

首先，政府进行信息披露能够增强政府透明度，有效缓解市场中的信息不对称。当信息不透明，缺少相应信息时，有更多资源的大投资者希望去寻求更多的额外信息。此时私人消息灵通的投资者更有可能获得信息优势，加剧投资者之间的信息差异。缺少信息的投资者就不可能进行创业。对于个人创业者来说，信息有十分重要的作用，可以用来捕获商机（Shane，2000）。当政府进行信息披露，公众可以通过阅读政府披露的财务信息，了解政府未来资金的收支计划、投资融资决策、重点扶持产业等信息。这些信息有助于个人创业者从中发现未来能够进行投资的商机，进而进行创业活动。

其次，政府信息披露能够向社会公众传递出政府清正廉洁、政府诚信的信号。诚信是现代经济持续、健康运行的基础（Arrow，1972）。在市场中，诚信的缺失会挫伤投资者对市场的信心，对市场发展造成严重的负面影响。信任是诚信产生的结果，在制度环境而中，信任作为一种非正式制度，可以对正式制度进行补充或替代（Bradach 和 Eccles，1989）。在经济学的文献中，信任能够提升当地的经济增长水平（Knack 和 Keefer，1996），降低企业的签约成本（刘凤委等，2009）。政府通过信息披露释放出政府诚信的信号，树立政府清明的形象，一方面表示政府接受公众对资金收支的监督，降低创业和企业经营成本。政府掌握着大量的经济资源，官僚主义作风严重的制度环境下，创业者往往需要花费大量的时间和金钱与当地政府官员建立和维持良好的政治关系，以此来获取特定的经营许可和特殊资源。若政府愿意接受公众监督，公开财政资金的收支情况，表明政府内部不存在官僚主义作风，该举措能够改善当地的制度环境，降低企业的创立和经营过程中的政治成本。个体在对创业收益进行评估后，在收益不变的情况下，创业成本降低，则更容易进行创业活动。另一方面，政府信息公开有助于树立公众对政府诚信的预期，减少不确定性，降低创业风险。企业经营是一种承担风险和不确定性的行为（Knight，1921），尤其在企业创业的初期，风险尤其高。当投资者缺乏信息时，会更难以估计公司的错报风险，即缺乏及时可靠的信息披露会提高错误估计风险的可能性（Edmonds 等，2017），增加投资者的风险。当制度环境不友好时，个体更容易产生害怕失败的预期，进而呈现逃避退缩的行为（Ekore 和 Okeke-ocha，2012）。反之，公众对政府诚信有一个良好预期的情况下，个体对风险的感知会降低，进而承担风险的程度越高，越能够承受失败的不利影响，也更加有可能进行创业活动（Baumol，2002）。据此，我们提出假设3：

假设3：政府财务信息披露能够促进当地企业的创业活动。

6.3 研究设计

6.3.1 样本选择

我们使用1997—2017年全国290个地级市作为研究样本。选择地级市作为主要的研究样本主要是因为：(1) 在中央政府统一要求地方政府进行财务信息公开的条件下，地级市首次公开政府财务信息的时间存在较大差异。在中央统一的预算公开规定要求下，地级市在首次公开政府财务信息时间上存在的前后差异，正好可以让我们检验政府财务信息公开对城市创业活动的影响。(2) 地级市政府是企业创业活动主要管辖主体，对所在地区企业的影响更大。企业在设立和经营过程中，需要进行相关工商与税务登记等活动均属于地级市政府管辖范围，受到地级市政府影响较大。(3) 企业设立和经营会受到所在地区制度环境的影响。地级市政府财务信息公开会影响当地的制度环境，进而影响企业创业活动。

6.3.2 地方政府财务信息公开情况描述

2007年4月，国务院正式颁布《中华人民共和国政府信息公开条例》，首次明确指出政府信息公开重要内容之一是国家预算，各级政府部门应当明确信息公开的内容，并把财政预算和决算报告作为政府应重点公开的信息之一。这意味着按照中央政府的规定，从2008年开始，地方政府需要向社会公众公开政府财务信息。但对地级市政府公开政府预算的时间统计发现，地方政府首次进行财务信息公开均以当年预算信息公开为主，尚未发现首次公开决算的地区，因此地方政府首次进行政府财务信息公开实际上是首次进行预算公开。统计结果还发现，不同地区首次公开政府预算信息的时间存在巨大差异。

表 6－1 列示了地级行政区政府首次公开预算信息的年度分布。令人意外的是，有 31 个地级市政府在 2008 年以前就公开了政府财务信息。这 31 个样本可能存在以下两种可能：一是这些地区政府确实在 2008 年之前就公开了政府财务信息；二是这些地级市政府在中央统一要求预算公开后，在部门官方网站上补充公开以前年度政府财务信息，并将网页公开时间标注为与财务信息内容相对应的年度。我们无法判断这 31 个地级市政府属于上述哪一种情况，在主回归中将其视为第一种情况处理，即这些城市确实在 2008 年之前公开了政府财务信息。在稳健性检验合作中，我们将其视为第二种情况，将这些样本剔除重新对假设进行检验。从首次公开时间分布中可以看到，自 2008 年起，陆续开始有地级市政府开始公开政府预算信息。其中 2008 年有 29 个地级行政区公开政府预算信息，占全部地级市数量的 10%。2009 年新增公开预算的城市数为 33 个，2010 年增加为 54 个，为历年样本中新增公开预算城市数量最多的一年。直到 2017 年，仍然有 13 个地级市政府没有公开政府预算信息。

表 6－1　地级行政区首次公开预算年度分布

首次公开年度	城市数量
2001	2
2002	4
2003	4
2004	2
2005	4
2006	9
2007	6
2008	29
2009	33
2010	54
2011	32
2012	29

续表

首次公开年度	城市数量
2013	27
2014	16
2015	20
2016	9
一直未公开	13

6.3.3 模型与变量定义

为了考察政府财务信息披露对当期企业创业的影响，我们借鉴 Moser 和 Voena（2012）以及 He 和 Tian（2013）等的研究思想，构建了如下双重差分模型：

$$Num = \beta_0 + \beta_1 Dis + Controls + \delta + \sigma + \varepsilon \quad (6-1)$$

模型（6－1）的主要被解释变量 Num 为地区下一年新增企业数量。Dis 为模型主要的解释变量，表示地级市是否公开政府财务信息。赋值方式为：地级市政府公开政府预算以后的年度均赋值 1，公开以前年度赋值 0，未公开政府预算信息的地级市一直赋值 0。系数 β_1 代表了地方政府财务信息公开对地区创业活动的影响。Controls 为一系列控制变量，δ 为官员个体的固定效应，用于控制不同官员个体的异质性因素带来的影响；σ 为年度固定效应，用于控制时间因素带来的异质效应；ε 是随机扰动项。各变量定义如表 6－2 所示。

表 6－2　变量定义

Variables	变量定义
Num	城市下年新增企业数量，单位：千家
Num_soe1	城市下年新增国有企业数量，单位：千家
Num_soe0	城市下年新增非国有企业数量，单位：千家
Num_small	城市下年新增小型企业数量，单位：千家
Num_median	城市下年新增中型企业数量，单位：千家
Num_big	城市下年新增大型企业数量，单位：千家
Num1	城市下年新增企业数量，用工业增加值进行标准化

续表

Variables	变量定义
Num1_soe1	城市下年新增国有企业数量，用工业增加值进行标准化
Num1_soe0	城市下年新增非国有企业数量，用工业增加值进行标准化
Num_ind1	城市下年新增第一产业企业数量，单位：千家
Num_ind2	城市下年新增第二产业企业数量，单位：千家
Num_ind3	城市下年新增第三产业企业数量，单位：千家
Num_govern3	与政府相关行业的新增企业数，单位：千家
Num_govern4	与政府不相关行业的新增企业数，单位：千家
Num_soe1_govern3	与政府相关行业的新增国有企业数，单位：千家
Num_soe1_govern4	与政府不相关行业的新增国有企业数，单位：千家
Num_soe0_govern3	与政府相关行业的新增非国有企业数，单位：千家
Num_soe0_govern4	与政府不相关行业的新增非国有企业数，单位：千家
Dis	当年城市是否公开政府预算
Gdp per	人均 GDP，单位：万元
Population	城市人口数，取对数处理
Gdpgrowth	城市 GDP 增长率

企业创业数据来源于中国企业信用信息公示系统（http：//www. gsxt. gov. cn/index. html），该系统提供市场主体（包括全国企业、农民专业合作社、个体工商户、分支机构等）的注册登记、许可审批、年度报告、行政处罚、抽查结果、经营异常状态等信息。系统中的数据由工商部门提供，商业主体通过各级工商机关办理登记或备案手续后的信息，均会在该系统显示。其中包括企业登记信息，如企业基本信息、投资人信息和企业变更信息等。首先，获取该系统中现存和曾经存在过的企业信息；其次，统计各企业的成立日期和成立地点所在城市；最后，将地级市各年度成立企业数量加总，就能得到不同地区各年度新增企业数量。我们将地级市各年度新增企业数量作为衡量地方创业活动的代理变量。在回归分析中，为了检验政府预算信息披露对不同类型企业的创业活动的影响，我们从四个方面区分企业类型。

（1）产权性质。根据新设立企业的产权性质，我们将企业分为国有企业与非国有企业，并分别统计不同城市不同年度的新增国有企业数和非国有企业数。

（2）企业规模。根据新设立企业的初始投资规模，我们将企业分为小型企业、中型企业和大型企业。企业规模的确定方式是将各年度新增企业按投资规模排序，前30%的样本为小型企业，后30%的样本为大型企业，其他企业为中型企业。

（3）企业所属行业。根据新设立企业的行业属性，我们将企业分为第一产业（农林牧渔业）企业、第二产业（制造业）企业和第三产业（服务业）企业。

（4）与政府的相关程度。根据企业所属行业的特征，我们将企业分为与政府相关行业的企业以及与政府不相关行业的企业。判断企业是否是与政府相关行业时，主要根据企业的属性，政府是否会购买该行业的产品或服务来进行划分。《政府收支分类科目》将政府支出分为21个大类，我们将与这些支出大类相关的行业划分为与政府相关行业，包括教育业，科学研究和技术服务业，文化、体育和娱乐业，卫生和社会工作，水利、环境和公共设施管理业，农、林、牧、渔业，交通运输、仓储和邮政业，采矿业，金融业，公共管理、社会保障和社会组织，其余行业划分为与政府不相关行业。

模型中控制了可能会对地区创业水平产生影响的因素，主要为衡量地区经济水平的变量，如GDP增长率和人均GDP，以及城市规模变量，如人口数量。控制变量特征数据来源于《中国城市统计年鉴》。为了消除异常值的影响，我们对所有的连续变量在1%的水平上进行了Winsorize处理。

6.4 实证结果

6.4.1 描述性统计

主要变量描述性统计见表6-3。其中，地区新增企业数的均值为4.99，标准差为7.72，最小值为0.11，最大值为49.14，说明不同地区新增企业数量存在显著差异。这些差异是否受到政府财务信息披露是我们关注的重点。新增国有企业 Num_soe1 的均值为 0.1，新增非国有企业 Num_soe0 的均值为 4.87，说明新增企业中，非国有企业占了绝大多数，国有企业只占其中的 2%。同时，新增国有企业的标准差为 0.11，新增非国有企业 Num_soe0 的标准差为 7.71，说明不同城市间新增国有企业的差异较小，但新增非国有企业数量差异较大。从企业规模看，小型企业 Num_small 的均值为 1.19，中型企业 Num_median 的均值为 1.9，大型企业 Num_big 的均值为 1.26，三类企业中，中型企业数量最多，且三类企业的新增企业数差异不大。从企业所属行业来看，第一产业 Num_ind1 的均值为 0.42，第二产业 Num_ind2 的均值为 1.2，第三产业 Num_ind3 的均值为 3.27，说明第一产业新增企业数量最少，第三产业新增企业数量最多，且平均来看第三产业新增企业数是第一产业的 8 倍。Dis 的均值为 0.32，说明在样本中有 32% 的城市公开了政府预算。

表 6-3　描述性统计

Variables	N	mean	min	p25	p50	p75	max	sd
Num	5708	4.99	0.11	1.05	2.33	5.52	49.14	7.72
Num_soe1	5708	*0.10*	*0*	0.03	0.06	0.13	0.51	0.11
Num_soe0	5708	4.87	0.08	0.93	2.22	5.42	49.05	7.71
Num_small	5708	1.19	0.01	0.21	0.49	1.19	12.86	2.05
Num_median	5708	1.90	0.01	0.28	0.71	2.02	15.85	3.06
Num_big	5708	1.26	0.02	0.20	0.51	1.38	13.99	2.08
Num_ind1	5708	0.42		0.04	0.14	0.52	3.27	0.63
Num_ind2	5708	1.20		0.27	0.60	1.30	10.16	1.75
Num_ind3	5708	3.27	0.05	0.59	1.29	3.32	27.44	5.29
Dis	5708	0.32	0	0	0	1	1	0.47
Gdp per	5708	2.66	0.11	0.80	1.85	3.67	13.09	2.60
Population	5708	5.76	3.45	5.39	5.85	6.31	7	0.74
Gdpgrowth	5708	11.07	-6.20	8.50	11.30	13.90	23	4.53

6.4.2 政府财务信息披露与地区创业活动

表6－4列示了政府财务信息披露对地区创业活动的影响。列（1）是新增企业总数的结果，列（2）和列（3）分别是新增国有企业和新增非国有企业的结果。在同时固定了地区效应和年度效应后，列（1）的回归估计结果显示，Dis变量的系数估计值在1%的水平上显著为正，说明地级市政府财务信息披露能够促进当地的创业活动。与前文的理论分析完全一致。列（2）的估计结果中，Dis变量的系数估计值在5%的水平上显著为负，说明地方政府财务信息披露对当地国有企业的创业活动存在负向影响。该结果仅能说明新增国有企业数在地方政府财务信息披露后降低，地区国有企业数量的存量仍在增加。列（3）的估计结果中，Dis变量的系数估计值在1%的水平上显著为正，说明地方政府财务信息披露能够促进当地的创业活动，主要促进的是非国有企业的创业活动。前文分析发现，政府财务信息披露能够促进地区企业创业活动，一方面是信息披露能够缓解政府与公众之间的信息不对称。个人企业家能够通过阅读政府预决算报告，获得有关政府未来资金支出和投融资决策的信息。另一方面，地方政府财务信息披露有助于塑造诚信政府的形象，表示政府愿意接受公众监督，减少政府内部官僚主义作风。在这种环境下，企业能够减少在设立和经营过程与政府建立政治关系所需的时间和资金成本。政府财务信息公开后，非国有企业能够同时获得减少信息不对称和降低企业成本两项好处，因而新设企业数量显著增加。国有企业在政府财务信息公开之前，就拥有了天然的信息优势和政治关系优势。首先，国有企业有政府参与，企业与政府之间就拥有了内部沟通渠道。国有企业能通过内部信息了解与政府未来资金支出相关的信息，并不需要依赖信息公开这样的外部沟通渠道来获取信息。其次，政府是国有企业的出资人，能够参与企业运作，分享企业的经营收益。国有企业与政府官员之间存在必然的政治关系，企业不需要花费额外的时间和成本与政府建立关系，以此来获取某些特殊经营许可。综上，地方政府财务信息披露主要促进非国有企业的创业活动。

表 6－4　政府财务信息披露与地区创业活动

Variables	(1) Num	(2) Num_soe1	(3) Num_soe0
Dis	1.179*** (3.15)	-0.010** (-2.14)	1.230*** (3.25)
Gdp_per	1.502*** (6.37)	-0.001 (-0.37)	1.507*** (6.33)
Population	1.427*** (3.69)	0.038*** (6.64)	1.389*** (3.57)
Gdpgrowth	0.027 (1.19)	0.000 (0.58)	0.027 (1.20)
Constant	-7.302*** (-3.34)	0.005 (0.16)	-7.336*** (-3.33)
Year Fixed Effects	Yes	Yes	Yes
City Fixed Effects	Yes	Yes	Yes
Cluster	city	city	city
Observations	5708	5708	5708
R-squared	0.534	0.490	0.536
Number of group	292	292	292
F	25.22	34.09	25.46

6.4.3　动态回归结果

采用双重差分模型的前提是样本是否满足平行趋势假设，即在外生冲击发生前，处理组样本与对照组样本的变化趋势一致，不存在显著的系统性差异。参考 Beck 等（2010）动态 DID 的做法，我们以政府首次公开政府财务信息当年作为参照年，构建政府财务信息公开前六年变量（b_6）、信息公开前五年变量（b_5）、信息公开前四年变量（b_4）、信息公开前三年变量（b_3）、信息公开前两年变量（b_2）、信息公开前一年变量（b_1），以及信息公开后一年变量（f_1）、信息公开后两年变量（f_2）、信息公开后三年变量（f_3）、信息公开后四年变量（f_4）、信息公开后五年变量（f_5）、信息公开后六年变量（f_6）、信息公开后七年变量（f_7）进行回归处理。回归结果见表 6－5，列（1）为新增企业总数的结果，地方政府财务信息公开前的六个变量均不显著，回归结果说明对照组与处理组在信息公开前，创业企业数量的变化不存在显著差异，样本符合平行趋势假定，可以采用双重差分法进行分析。信息公开后的七个变量均显著为正，且随着公开时间增长，系数估计值逐渐增加，说明随着地方政府财务信息公开年份的增加，对当地企业创业的促进作用越大。动态回归结果见图6-1。列（2）为新增国有企业的回归结果，信息公开前的六个变量均显著为正，信息公开后的变量均显著为负，回归结果不满足平行趋势检验。列（3）为新增非国有企业的回归结果，与列（1）的回归结果类似，信息公开前的六个变量均不显著，信息公开后的七个变量均显著为正，且随着公开时间增长，系数估计值逐渐增加。回归结果说明对照组与处理组在信息公开前，非国有企业创业数量的变化不存在显著差异，样本符合平行趋势假定，可以采用双重差分法进行分析。

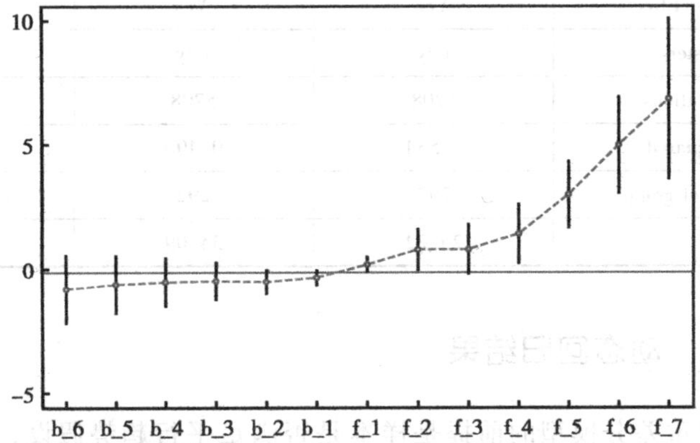

注：图中的置信区间为95%。

图6-1　财务信息披露对企业创业影响——动态DID

表6-5　财务信息披露对企业创业影响——动态DID

Variables	(1) Num	(2) Num_soe1	(3) Num_soe0
b_6	-0.674 (-0.94)	0.069 *** (3.70)	-0.733 (-1.01)
b_5	-0.488 (-0.80)	0.062 *** (3.80)	-0.543 (-0.88)
b_4	-0.389 (-0.75)	0.057 *** (4.06)	-0.438 (-0.83)

续表

Variables	(1) Num	(2) Num_soe1	(3) Num_soe0
b_3	-0.347 (-0.85)	0.045*** (4.25)	-0.386 (-0.93)
b_2	-0.380 (-1.42)	0.028*** (3.70)	-0.404 (-1.49)
b_1	-0.210 (-1.21)	0.017*** (4.20)	-0.224 (-1.29)
f_1	0.333* (1.90)	-0.009** (-2.29)	0.340* (1.94)
f_2	0.930** (2.15)	-0.025*** (-3.41)	0.951** (2.19)
f_3	0.946* (1.79)	-0.037*** (-3.86)	0.976* (1.83)
f_4	1.567** (2.52)	-0.054*** (-3.96)	1.612** (2.58)
f_5	3.141*** (4.51)	-0.070*** (-4.26)	3.199*** (4.56)
f_6	5.130*** (5.09)	-0.088*** (-4.36)	5.203*** (5.13)
f_7	7.001*** (4.21)	-0.092*** (-3.11)	7.088*** (4.25)
Gdp_per	1.443*** (4.75)	-0.000 (-0.22)	1.449*** (4.76)
Population	4.968* (1.69)	0.004 (0.18)	5.002* (1.67)
Gdpgrowth	0.137*** (2.78)	0.001 (1.56)	0.137*** (2.77)
Constant	-26.553 (-1.56)	0.123 (1.00)	-26.907 (-1.55)
Observations	3333	3333	3333
R-squared	0.433	0.256	0.435
Number of group	280	280	280
F	14.74	10.78	14.92

6.4.4 稳健性检验

在稳健性检验中，我们将2008年之前开始披露预算信息的城市剔除，重新对上述结果进行检验。结果与前文一致。

6.5 进一步检验

6.5.1 政府财务信息披露对不同规模企业创业影响

为了分别研究地方政府财务信息披露对不同规模企业创业的影响，我们将企业分为小型企业、中型企业和大型企业三种类型。划分方式为：将各年度新设立企业按注册资本进行排序，然后将排序前30%的企业定义为小型企业，后30%的企业定义为大型企业，其他企业定义为中型企业，在此基础上加总统计不同城市各年度三类企业的设立个数。政府财务信息披露对不同规模企业创业活动的影响结果如表6-6所示。在列（1）小型企业回归中，Dis的系数估计值在5%的水平上显著为正，说明政府财务信息披露能够促进小型企业创业。在列（2）的中型企业回归中，Dis的系数估计值在5%的水平上显著为正，说明政府财务信息披露能够促进中型企业创业。在列（3）大型企业回归中，Dis的系数估计值为0.008，在统计上不显著，说明未发现政府财务信息披露对大型企业创业存在显著影响。上述结果说明，地方政府财务信息披露主要能够促进中小企业创业，对大型企业创业未见显著影响。大型企业初始投资较大，在设立初期通常会全面考虑当地的经济发展、政策和制度安排，避免因投资失败造成投资人的严重损失。同时大型企业的设立通常对当地经济发展、增加税收和促进就业存在重大影响，需要与当地政府和监管部门进行沟通，进而对当地政府和相关政策信息有更多了解，不需要依赖政府财务公开信息来缓解信息不对称。小型企业和中型企业的设立通常较为简单，且部分小型企业创业初期仅由个人企业家和少数员工组成，这些企业通常没有额外的信息沟通渠道来获取政府有关信息，且缺乏与政府之间的政治关系，因而在建立初期更加依赖政府的公开信息和较好的制度环境。

表 6-6　政府财务信息披露对不同规模企业创业影响

Variables	(1) Num_small	(2) Num_median	(3) Num_big
Dis	0.282** (2.12)	0.260** (2.24)	0.008 (0.09)
Gdp_per	0.523*** (6.19)	0.527*** (6.84)	0.368*** (6.14)
Population	0.485*** (3.63)	0.447*** (3.78)	0.345*** (3.64)
Gdpgrowth	0.001 (0.11)	0.003 (0.32)	0.011* (1.91)
Constant	-2.133*** (-2.82)	-2.258*** (-3.34)	-1.870*** (-3.45)
Year Fixed Effects	Yes	Yes	Yes
City Fixed Effects	Yes	Yes	Yes
Cluster	city	city	city
Observations	5708	5708	5708
R-squared	0.502	0.582	0.522
Number of group	292	292	292
F	24.92	25.78	23.70

6.5.2　政府财务信息披露对不同行业企业创业影响

为了分别研究地方政府财务信息披露对不同行业企业创业的影响，我们将企业分为第一产业企业、第二产业企业和第三产业企业三种类型。政府财务信息披露对不同行业企业创业影响的回归结果见表 6-7。在列（1）第一产业企业创业的回归中，Dis 的回归系数估计值为 0.001，统计上不显著，说明未发现政府财务信息披露对第一产业企业创业存在显著影响。在列（2）第二产业企业创业的回归中，Dis 的回归系数估计值在 1% 的水平上显著为正，说明政府财务信息披露能够促进第二产业企业创业。在列（3）第三产业企业创业的回归中，Dis 的回归系数估计值在 10% 的水平上显著为正，说明政府财务信息披露能够促进第三产业企业创业。第一产业为农林牧渔业，大多为直接从自然界获取产品的行业，受到气候、自然资源的影响较大，受政府政策和制度环境的影响较小。第二产业和第三产业分别为制造业和服务业，大多包括商品（或服务）的生产、加工和出售，这些行业受到当地经济、制度和政府政策的影响较大，更有可能受到政府行为的影响。因此政府财务信息披露主要能够促进第二产业和第三产业企业的创业活动，对第一产业企业的创业活动未见显著影响。

表 6－7　政府财务信息披露对不同行业企业创业影响

Variables	(1) Num_ind1	(2) Num_ind2	(3) Num_ind3
Dis	0.001 (0.03)	0.355*** (5.70)	0.347* (1.81)
Gdp_per	−0.047*** (−4.25)	0.127*** (4.80)	0.956*** (7.60)
Population	0.096** (2.52)	0.068* (1.72)	0.717*** (3.87)
Gdpgrowth	−0.001 (−0.38)	−0.004 (−0.70)	0.014 (1.03)
Constant	−0.470** (−2.18)	0.140 (0.64)	−3.645*** (−3.43)
Year Fixed Effects	Yes	Yes	Yes
City Fixed Effects	Yes	Yes	Yes
Cluster	city	city	city
Observations	5708	5708	5708
R－squared	0.591	0.394	0.620
Number of group	292	292	292
F	36.18	17.29	40.89

6.5.3　政府财务信息披露对是否政府相关行业企业创业影响

进一步地，我们将新设企业按照所属行业类型不同，分为与政府有关行业和与政府无关行业，检验受政府支持行业企业与其他企业的创业活动在面临政府财务信息披露时的差异。判断企业是否是与政府相关行业时，主要根据企业的属性，政府是否会购买该行业的产品或服务来进行划分。《政府收支分类科目》将政府支出分为 21 个大类，我们将与这些支出大类相关的行业划分为与政府相关行业，包括教育业，科学研究和技术服务业，文化、体育和娱乐业，卫生和社会工作，水利、环境和公共设施管理业，农、林、牧、渔业，交通运输、仓储和邮政业，采矿业，金融业，公共管理、社会保障和社会组织，其余行业划分为与政府不相关行业。回归结果见表 6－8，列（1）列示了政府相关行业的回归结果，列（2）列示了政府不相关行业的回归结果。Dis 的系数估计值在列（1）和列（2）中均在 1% 的水平上显著为正，说明政府财务信息披露能够促进政府相关行业和政府不相关行业企业的创业活动。对列（1）中 Dis 的回归系数 0.229 和列（2）中 Dis 的系数 0.796 进行检验后发现，chi2 值为 56.30，两个系数大小存在显著差异。该结果说明，尽管政府财务信息披露能够同时促进政府相关行业和政府不相关行业企业的创业活动，但对政府不相关行业企业的创业活动影响更大。

表 6－8　政府财务信息披露对是否政府相关行业企业创业影响

Variables	(1) Num_govern3	(2) Num_govern4
Dis	0.229*** (4.70)	0.796*** (6.63)
Gdp_per	0.134*** (10.99)	0.532*** (17.76)
Population	0.225*** (4.18)	0.287** (2.17)
Gdpgrowth	−0.008** (−2.01)	−0.010 (−1.11)
Constant	−1.653*** (−5.31)	−2.374*** (−3.10)
	chi2 = 56.30	
Year Fixed Effects	Yes	Yes
City Fixed Effects	Yes	Yes

续表

Variables	(1) Num_govern3	(2) Num_govern4
Cluster	city	city
Observations	5708	5708
R - squared	0.757	0.770
F	53.43	57.37

6.6 本章小结

我们选择政府财务信息公开进程中，地级行政区政府首次公开政府预算信息这一事件作为外生冲击，构建DID模型考察地方政府首次公开政府财务信息对当地企业创业活动的影响。结果发现：地级行政区政府财务信息披露能够促进当地企业的创业活动，且主要是促进非国有企业的创业活动。动态DID回归结果显示，随着政府财务信息披露年度增加，信息公开对当地企业创业活动的促进作用更强。该结果在剔除2008年以前公开政府财务信息的地级市样本后保持一致。在检验政府财务信息披露对不同规模企业创业的影响中，我们将企业分为小型企业、中型企业和大型企业三种类型。回归结果发现政府财务信息披露能够促进小型企业和中型企业的创业活动，未发现政府财务信息披露对大型企业创业活动的显著影响。在检验政府财务信息披露对不同行业企业创业的影响中，我们将企业分为第一产业企业、第二企业和第三产业企业三种类型。结果发现政府财务信息披露主要能够促进第二产业和第三产业企业的创业活动，对第一产业企业的创业活动未见显著影响。检验受政府支持行业企业与其他企业在面临政府财务信息披露时的创业决策差异，结果发现政府财务信息披露能够同时促进政府相关行业和政府不相关行业企业的创业活动，但对政府不相关行业企业的创业活动影响更大。

本章可能的研究贡献在于以下方面：一是通过2008年中央政府推进政府预决算信息进程中，地级行政区首次公开财务信息作为外生冲击，识别政府财务信息披露对当地创业活动的影响。二是首次检验了任命制体制下地方政府财务信息披露对当地经济活动产生的影响，完善了任命制体制下政府财务信息披露的后果研究。已有文献在探讨政府财务信息披露的经济后果时，通常基于选举制度背景或债券市场背景，检验政府财务信息披露对选举和债券利率、评级的影响。我们通过地方政府首次预算信息披露作为外生冲击，实证检验发现政府财务信息披露能够促进当地企业创业活动。从政府财务信息披露这一全新视角，识别了政府行为对当地创业活动的影响，丰富和补充了创业影响的文献研究。

第7章
结论、启示与贡献

从2008年起，中国中央政府自上而下推进了预决算信息公开改革，将预算公开上升至国家治理现代化的高度，并通过持续的有效监督来规范政府的披露行为。在中央的统一规定下，财政部也多次出台各种制度来规范政府的披露行为。但随着中国政府预决算信息公开改革的推进，地方政府在财务信息公开中的表现存在很大差异。不同政府间财务信息公开在完整性、及时性、信息详细程度上均不一致。我们以2011—2017年中国地级市政府财务信息公开报告和相应表格为观测对象，采用二分法（0和1）构建信息披露质量指标体系，来评价政府财务信息披露质量。并以披露质量为基础，探讨我国制度背景下，政府财务信息披露的影响因素和经济后果。

7.1 主要结论

7.1.1 晋升动机与政府财务信息披露质量

我们通过构建省级政府财务信息披露质量评价指标，从自愿披露和强制披露两个维度衡量政府财务信息披露质量，并以晋升机制为核心的政治激励为切入点，探讨官员任期不同阶段的晋升动机对政府财务信息披露质量的影响。结果发现：

（1）省级领导人在面临晋升机会时，会策略性地提升政府财务信息披露质量。具体而言，领导人上任首年财务信息的自愿披露质量较高，随着在任年度的推移，自愿披露质量逐步下降，直到领导人再次面临晋升机会时，财务信息的自愿披露质量会重新提升，以便彰显执政业绩，增加获得晋升的概率。省级领导人的任职年限与政府财务信息的自愿披露质量之间呈现出的先降后升趋势，在任期二次项模型、一次项模型，以及控制政治周期，剔除潜在的粉饰样本以后，结果均保持一致。

（2）执政业绩较好与晋升机会可预期是领导人面临晋升激励时主动提升财务信息披露质量的前置条件。

（3）同样面临晋升机会时，晋升压力越大的领导人，其所在政府的财务信息自愿披露质量越高。

（4）省级领导人主动提升财务信息披露质量可能是为了获得更多的媒体曝光度，以成为“政治明星”，进而增加获得晋升的概率。

7.1.2 问责动机与政府财务信息披露质量

我们选择中共十八大召开后的反腐行动中，省级领导官员落马的政治事件造成城市主政官员政治关系破裂这一事件作为外生冲击，构建 DID 模型考察省级领导落马导致市长政治关系破裂，对地级市“三公”经费披露质量产生的影响。同时，我们采用二分法，从信息公开与否和披露详细程度两个层面分别度量政府“三公”经费信息披露质量。结果发现：

（1）在市长的政治关系崩塌后（即政治关系从有到无变化），地级市政府会显著降低“三公”经费信息的披露质量。在政治关系破裂前后各一年的观测窗口期中，以及采用 PSM 对样本进行匹配后，回归结果均保持一致。实证结果说明，在政治关系崩塌的情况下，地方官员为了避免“三公”经费信息披露带来的公众监督，从而主动降低了“三公”经费信息的披露质量。该发现支持了政府财务信息披露的监督假说。

（2）在检验政治关系破裂对“三公”经费信息披露质量的影响路径时，排除了政治关系破裂而引发的牵连效应对地级市“三公”经费信息披露质量的负向影响，进而支持市长降低“三公”经费披露质量的主要原因是原有政治保护效应的丧失。

（3）考察官员在具备晋升动机的情况下，是否需要通过“三公”经费信息披露释放出执政清廉的信号，以及在这种情况下，信号假说发挥的财务信息披露质量提升效应能否一定程度地缓解监督假说下政治“靠山”倒塌对财务信息披露的负面影响。研究发现，较好的经济业绩能够缓解政治关系崩塌对“三公”经费信息披露的负向影响。但如果经济业绩数据存在更大可能的造假，以及审计查处更多的问题，均会增强政治关系崩塌对“三公”经费信息披露的负向影响；同时，城市主政官员缺乏晋升动机也会增强政治关系崩塌对“三公”经费信息披露的负向影响。

（4）尝试检验了官员融资动机对信息披露的影响，结果发现在不考虑政治关系崩塌的前提下，政府融资压力能够显著提升城市“三公”经费信息的披露质量。但在考虑政治关系崩塌的情况下，未发现地级市政府具备融资能够显著缓解政治关系崩塌对“三公”经费信息披露的负向影响。

7.1.3 政府财务信息披露的经济后果

我们选择政府财务信息公开进程中，地方政府首次披露政府预算信息这一事件作为外生冲击，构建 DID 模型考察地方政府首次公开预算信息，增强当地政府透明度，释放政府清正廉洁信号，对当地创业活动产生的影响。结果发现：

（1）地方政府财务信息披露能够促进当地的创业活动，且主要是促进非国有企业的创业活动。动态 DID 回归结果显示，随着地方政府财务信息披露年度增加，信息公开对当地企业创业活动的促进作用更强。该结果在剔除 2008 年以前公开财务信息的地级市样本后保持一致。

（2）在检验地方政府财务信息披露对不同规模企业创业的影响中，我们将企业分为小型企业、中型企业和大型企业三种类型。回归结果发现政府财务信息披露能够促进小型企业和中型企业的创业活动，未发现政府财务信息披露对大型企业创业活动的显著影响。

（3）在检验地方政府财务信息披露对不同行业企业创业的影响中，我们将企业分为第一产业企业、第二产业企业和第三产业企业三种类型。结果发现政府财务信息披露主要能够促进第二产业和第三产业企业的创业活动，对第一产业企业的创业活动未见显著影响。

（4）检验受政府影响行业企业与其他企业在面临政府财务信息披露时

的创业决策差异，结果发现政府财务信息披露能够同时促进政府相关行业和政府不相关行业企业的创业活动，但对政府不相关行业企业的创业活动影响更大。

7.2 政策启示

（1）有助于科学评价中国政府预算公开改革的成效。首先，通过构建政府财务信息披露质量衡量指标，将政府财务信息披露质量进行量化，我们能够对不同政府财务信息披露质量高低进行衡量，进一步评价中国政府财务信息公开改革的成效。其次，通过分析政府财务信息公开后的经济后果，探讨政府财务信息公开带来的社会经济影响。

（2）通过探究地方政府财务信息披露的影响因素，有助于决策制定部门尽快确定相关的“政府财务信息披露规范”，从制度设计中有效激励地方官员提升信息披露质量，并引导公众和审计监督机构等信息使用者识别政府财务信息的披露质量，便于其作出科学决策。

7.3 研究贡献

本书的研究贡献体现在以下几个方面：

第一，拓展了官员动机对政府财务信息披露质量影响的研究，完善了公共受托责任理论在任命制体制下的运用。已有文献大多基于西方直接选举制度和成熟市政债券市场，探讨选举动机和降低融资成本动机对政府财务信息披露质量的影响。我们研究了在任命制体制和缺乏成熟债券市场环境下，官员动机对政府财务信息披露质量的影响，结果发现在任命制制度下也能够激励官员的披露行为。同时经济业绩、造假动机、晋升动机均可能影响官员的信息披露动机。

第二，尝试性地提出适用于中国制度背景的地方政府财务信息披露质量评价指标，并研究可能的影响因素和经济后果。已有文献关于政府财务信息披露质量的研究大多基于西方政府财务报告，较少有研究关注中国政府财务信息公开质量评价体系。仅有少量文献关注与评价了中国中央政府信息披露质量及其影响因素。我们尝试性地提出适用于中国特殊制度背景的地方政府财务信息披露质量评价指标，并探讨其可能的影响因素，弥补已有文献在该部分的研究空白。

第三，通过区分政府财务信息披露中强制披露信息与自愿披露信息，分析了国家披露规定与官员个人动机对政府财务信息披露质量的影响。与西方国家官员政府财务信息披露动机不同，中国政府财务信息披露是由中央政府自上而下统一推动，地方官员在信息披露决策时往往要同时考虑上级政府要求与个人效用目标，两者的披露动机往往难以区分。我们根据财政部的信息披露要求，将符合其规定的披露内容视为强制披露，其余信息披露内容作为自愿披露，分析了官员两种信息披露动机对政府财务信息披露质量的影响。

第四，通过官员政治关系发生破裂后面临问责动机时的“三公”经费信息披露行为，识别了任命制体制下“三公”经费披露具备的监督效应。已有文献发现政府财务信息披露同时具有释放较佳执政业绩的信号作用，也有避免公众监督的监督效应。但这些研究均基于西方国家制度背景。我们通过市长关系领导落马，官员政治关系破裂这一外生冲击，研究发现市长政治关系破裂会降低政府“三公”经费信息披露质量，识别了我国“三公”经费信息披露的监督效应假说。

第五，通过地方政府首次公开政府财务信息这一外生冲击，首次检验了任命制体制下地方政府财务信息披露对当地企业创业活动产生的影响。已有文献在探讨政府财务信息披露的经济后果时，通常基于市政债券利率、债券评级和选举结果进行。实证研究发现政府财务信息披露能够促进当地企业创业活动，丰富和补充了创业影响的文献研究。也从创业活动的角度，发现了政府财务信息披露对微观企业行为的影响。

主要参考文献

[1] 曹春方，马连福，沈小秀．财政压力、晋升压力、官员任期与地方国企过度投资［J］．经济学（季刊），2014，4：1415－1436．

[2] 陈刚，李树．官员交流、任期与反腐败［J］．世界经济，2012，2：120－142．

[3] 崔永红，张玉娟．我国政府会计信息披露指数差异分析［J］．财会月刊，2011，30：64－67．

[4] 葛家澍，刘峰．从会计准则的性质看会计准则的制订［J］．会计研究，1996，2：19－24．

[5] 韩超，刘鑫颖，王海．规制官员激励与行为偏好——独立性缺失下环境规制失效新解［J］．管理世界，2016，2：82－94．

[6] 何玉，唐清亮．中国地方政府财务信息网络披露影响因素分析［J］．重庆工商大学学报（社会科学版），2011，5：38－49．

[7] 何玉，杜威．中国地方政府财务透明度影响因素研究［J］．南方经济，2012，8：3－16．

[8] 何玉，唐清亮．利用网络提高政府财务透明度研究［J］．华东经济管理，2011，11：27－34．

[9] 洪学智，邓盼．政府财务报告审计与公开机制建设探析［J］．财务与会计，2006，11：26－27．

[10] 李建发，张国清．国家治理情境下政府财务报告制度改革问题研究［J］．会计研究，2015，6：8－17．

[11] 林挺进．中国地级市市长职位升迁的经济逻辑分析［J］．公共

管理研究，2008，1：45－68.

［12］刘凤委，李琳，薛云奎．信任、交易成本与商业信用模式［J］．经济研究，2009，8：60－72.

［13］刘胜，顾乃华．官员任期、交流与服务业发展：自1994～2012年数据观察［J］．改革，2015，1：66－77.

［14］刘昱彤，王虹．基于公司治理结构的政府财务报告审计制度研究［J］．财会通讯，2017，10：6，73－76.

［15］卢洪友，卢盛峰，陈思霞．关系资本、制度环境与财政转移支付有效性——来自中国地市一级的经验证据［J］．管理世界，2011，7：9－19，187.

［16］罗党论，佘国满，陈杰．经济增长业绩与地方官员晋升的关联性再审视——新理论和基于地级市数据的新证据［J］．经济学（季刊），2015，3.

［17］钱先航，曹廷求，李维安．晋升压力、官员任期与城市商业银行的贷款行为［J］．经济研究，2011，12：72－85.

［18］申亮．财政透明度评价指标体系的构建及测度［J］．经济与管理评论，2012，2：127－134.

［19］孙琳．政府和非营利组织会计［M］．上海：上海人民出版社，2011.

［20］王贤彬，徐现祥．地方官员来源、去向、任期与经济增长——来自中国省长省委书记的证据［J］．管理世界，2008，3：16－26.

［21］王贤彬，徐现祥，李郇．地方官员更替与经济增长［J］．经济学（季刊），2009，4：1301－1328.

［22］魏陆．基于政府门户网站视角的中美预算公开信息比较与评价［J］．当代财经，2012，1：46－53.

［23］肖鹏，阎川．中国财政透明度提升的驱动因素与路径选择研究——基于28个省份面板数据的实证分析［J］．经济社会体制比较，2013，4：199－206.

［24］徐现祥，王贤彬，舒元．地方官员与经济增长——来自中国省长、省委书记交流的证据［J］．经济研究，2007，9：18－31.

［25］杨瑞龙，王元，聂辉华．“准官员”的晋升机制：来自中国央企的证据［J］．管理世界，2013，3.

［26］姚洋，张牧扬．官员绩效与晋升锦标赛——来自城市数据的证据［J］．经济研究，2013，1：137－150.

［27］尹启华．政府综合财务报告审计框架的构建研究［J］．南京审计大学学报，2017，1：95－101.

［28］余靖雯，肖洁，龚六堂．政治周期与地方政府土地出让行为［J］．经济研究，2015，2.

［29］余明桂，回雅甫，潘红波．政治联系、寻租与地方政府财政补贴有效性［J］．经济研究，2010，3：65－77.

［30］翟司霞．中央财政预算透明度评价研究［J］．管理评论，2013，2：12－18.

［31］张尔升．地方官员的企业背景与经济增长——来自中国省委书记、省长的证据［J］．中国工业经济，2010，3：129－138.

［32］张军，高远．官员任期、异地交流与经济增长——来自省级经验的证据［J］．经济研究，2007，11：91－103.

［33］张琦．政府会计权责发生制的适度引入：因素与建议［J］．财务与会计，2006，9：56－57.

［34］张琦．公共受托责任、政府会计边界与政府财务报告的理论定位［J］．会计研究，2007，12：29－34，96.

［35］张琦，方恬．政府部门财务信息披露质量及影响因素研究［J］．会计研究，2014，12：53－59，96.

［36］张琦，郑瑶．媒体报道能影响政府决算披露质量吗？［J］．会计研究，2018，1：39－45.

［37］张琦，郑瑶，宁书影．新闻的信息增量、审计监督与政府财务信息披露［J］．审计研究，2016，6：89－97.

［38］张先锋，李莹，卢丹．官员任期稳定性、产业结构适宜性与区域经济发展［J］．经济评论，2015，1：118－128.

［39］郑馨，周先波，张麟．社会规范与创业——基于62个国家创业数据的分析［J］．经济研究，2017，11：59－73.

[40] 周黎安. 中国地方官员的晋升锦标赛模式研究 [J]. 经济研究, 2007, 7.

[41] Afiah, N. N., Rahmatika, D. N., Factors Influencing the Quality of Financial Reporting and Its Implications on Good Government Governance. International Journal of Business, Economics and Law, 2014, 5 (1): 111 - 121.

[42] Alt J. E., Lassen, D. D. Transparency, Political Polarization, and Political Budget Cycles in OECD Countries. American Journal of Political Science, 2006, 50 (3): 530 - 550.

[43] Amore, M., Minichilli, A., Local Political Uncertainty, Family Control, and Investment Behavior, Journal of Financial and Quantitative Analysis, 2018, 53 (4): 1781 - 1804.

[44] AnaMaría Ríos, Bernardino Benito, Francisco Bastida, Determinants of Central Government Budget Disclosure: An International Comparative Analysis. Journal of Comparative Policy Analysis Research & Practice, 2013, 15 (3): 235 - 254.

[45] Arrow, K. j., Gifts and Exchange. Philosophy and Public Affairs, 1972, 1 (4): 343 - 362.

[46] Baber W. R., Gore, A. K., Rich K. T. et al., Accounting Restatements, Governance and Municipal Debt Financing. Journal of Accounting & Economics, 2013, 56 (2 - 3): 212 - 227.

[47] Baber, W. R., Sen, P. K., The Role of Generally Accepted Reporting Methods in the Public Sector: An Empirical Test. Journal of Accounting and Public Policy, 1984, 3 (2): 91 - 106.

[48] Baumol, William J., Entrepreneurship, innovation and growth: The David - Goliath symbiosis. Journal of Entrepreneurial Finance, 2002, 7 (2): 1 - 10.

[49] Beckman, R. J., R. D. Cook, Outliers in Statistical Data. Technometrics, 1983, 25 (2): 119 - 149.

[50] Benito B., Bastida F., Budget Transparency, Fiscal Performance,

and Political Turnout: An International Approach. Public Administration Review, 2009, 69 (3): 403 -417.

[51] Bertrand, M., Duflo, E., Mullainathan S., How Much Should We Trust Differences - in - Differences Estimates? . The Quarterly Journal of Economics, 2004, 119 (1): 249 -275.

[52] Blackburn, K., Sarmah R., Red Tape, Corruption and Finance, Discussion paper no, 82 University of Manchester, Manchester, 2006 (82).

[53] Bolívar M P R, Galera A N, Muñoz L A, et al. Risk Factors and Drivers of Financial Sustainability in Local Government: An Empirical Study. Local Government Studies, 2016, 42 (1): 29 -51.

[54] Bolívar M P R, Galera A N, Muñoz L A. Governance, Transparency and Accountability: An International Comparison. Journal of Policy Modeling, 2015, 37 (1): 136 -174.

[55] Borcherding T. E., Deacon, R. T., The Demand for Services of Non - Federal Governments. American Economic Review, 1972, 62 (5): 891 -901.

[56] Boyd B, Strategic Planning and Financial Performance: A Meta - Analytic Review. Journal of Management Studies, 1991 (22): 353.

[57] Boyne G, Gould - Williams J, Planning and Performance in Public Organization, Public Management Review, 2003, 5 (1): 115 -132.

[58] Bradach J L, Eccles R G. Price, authority, and trust: From ideal types to plural forms. Annual review of sociology, 1989, 15 (1): 97 -118.

[59] Caba, C., M. P. Rodriguez, M. Lopez, E - government Process and Incentives for Online Public Financial Information, Online Information Review, 2008, 36 (3): 379 -400.

[60] Cao, J., M. L. Lemmon, X. Pan, M. Qian, and G. G Tian, Political Promotion, CEO Incentives, and the Relationship between Pay and Performance. Social Science Electronic Publishing. 2014.

[61] Carpenter, V. L., The Influence of Political Competition on the Decision to Adopt GAAP. Journal of Accounting & Public Policy, 1991, 10 (2):

105 – 134.

[62] Chan J. L., Government Accounting: An Assessment of Theory, Purposes and Standards. Public Money & Management, 2003, 23 (1): 13 – 20.

[63] Chaudhuri, A., K. S. Flamm, J. Horrigan, An Analysis of the Determinants of Internet Access, Telecommunications Policy, 2005, 29 (9): 731 – 755.

[64] Chen S, Shevlin T, Tong Y H. Does the Pricing of Financial Reporting Quality Change Around Dividend Changes?. Journal of Accounting Research, 2007, 45 (1): 1 – 40.

[65] Cheng, Q., J. Lee, and T. Shevlin, Internal Governance and Real Earnings Management, Social Science Electronic Publishing, 2016, 91 (4).

[66] Chow, D. S. L, Humphrey, C., Moll, J., Developing Whole of Government Accounting in the UK: Grand Claims, Practical Complexities and a Suggested Future Research Agenda. Financial Accountability & Management, 2007, 23 (1): 27 – 54.

[67] Cinca C. S., Tomás M. R., Tarragona, M. P. P, Factors Influencing E – disclosure in Local Public Administrations. Documentos De Trabajo, 2009, 27 (2): 355 – 378.

[68] Cooke, T. E., Disclosure in the Corporate Annual Reports of Swedish Companies, Accounting and Business Research, 1989, 19 (74): 113 – 124.

[69] Copeland R. M., Ingram R. W., The Association between Municipal Accounting Information and Bond Rating Changes. Journal of Accounting Research, 1982, 20 (2): 275 – 289.

[70] Coy, D. and Dixon, K., The Public Accountability Index: Crafting a Parametric Disclosure Index for Annual Reports, The British Accounting Review, 2004, 36 (1): 79 – 106.

[71] Coy, D., Tower, G., Dixon, K., Quantifying the Quality of Tertiary Education Annual Reports, Accounting & Finance, 1993, 33 (2): 121 –

129.

[72] Craswell R. Self - generating Growth in Public Programs. Public Choice, 1975, 21 (1): 91 -97.

[73] Cuny C., Voluntary Disclosure Incentives: Evidence from the Municipal Bond Market. Journal of Accounting & Economics, 2016, 62 (1): 87 -102.

[74] Debreceny R., Gray G. L., Rahman, A., The Determinants of Internet Financial Reporting. Journal of Accounting & Public Policy, 2002, 21 (4 -5): 371 -394.

[75] Dixon, K., Coy, D., Tower, G., External Reporting by New Zealand Universities 1985 - 1989: Improving Accountability, Financial Accountability & Management, 1991, 7 (3): 159 -178.

[76] Downs A., An Economic Theory of Political Action in a Democracy, Journal of Political Economy, 1957, 65 (2): 135 -150.

[77] Dunlevy, P., Democracy, Bureaucracy and Public Choice, Prentice Hall Press, 1991.

[78] Edmonds, C. T., Edmonds, J. E., Vermeer B. Y., et al. Does Timeliness of Financial Information Matter in the Governmental Sector? . Journal of Accounting and Public Policy, 2017, 36 (2).

[79] Evans, J. H., Patton, J. M., An Economic Analysis of Participation in the Municipal Finance Officers Association Certificate of Conformance Program. Journal of Accounting and Economics, 1983, 5 (83): 151 -175.

[80] Evans, J. H., Patton, J. M., Signaling and Monitoring in Public - sector Accounting, Journal of Accounting Research, 1987, 25 (1): 130 - 158.

[81] Feldman, M. P., The Entrepreneurial Event Revisited: Firm Formation in a Regional Context, Industrial and Corporate Change, 2001, 10: 861 -891.

[82] Feroz E. H., Wilson E. R., Market Segmentation and the Association between Municipal Financial Disclosure and Net Interest Costs. Accounting Review, 1992, 67 (3): 480 -495.

[83] Francis J., Lafond R., Olsson P. M., et al. Costs of Equity and Earnings Attributes. Accounting Review, 2004, 79 (4): 967-1010.

[84] Francis J., Lafond R., Olsson P., et al. The Market Pricing of Accruals Quality. Journal of Accounting & Economics, 2005, 39 (2): 295-327.

[85] Fritsch, M., Mueller, P., The Effect of New Business Formation on Regional Development over Time: The Case of Germany, Small Business Economics, 2008, 30 (1): 15-29.

[86] Fritsch M, Falck O., New business formation by industry over space and time: a multidimensional Fritsch analysis. Regional studies, 2007, 41 (2): 157-172.

[87] García-Sánchez I M, Frías-Aceituno J V, Rodríguez-Domínguez L. Determinants of Corporate Social Disclosure in Spanish Local Governments. Journal of Cleaner Production, 2013, 39 (5): 60-72.

[88] Gray R. Accounting Financial Reporting and not-for-profit Organizations. AUTU Review, 1983, 15 (1): 3-23.

[89] Gray A, W Jenkins, Accountable Management in British Central Government: Some Reflections on the Financial Management Initiative, Financial Accountability and Management, 1986, 2 (3): 71-86.

[90] Gilje, E. P. and Taillard, J. P., Do Private Firms Invest Differently than Public Firms? Taking Cues from the Natural Gas Industry, Journal of Finance, 2016, 71 (4): 1733-1778.

[91] Giroux G, Mclelland A J. Governance Structures and Accounting at Large Municipalities. Journal of Accounting & Public Policy, 2003, 22 (3): 203-230.

[92] Giroux G., Political Interests and Governmental Accounting Disclosure. Journal of Accounting & Public Policy, 2006, 8 (1): 199-217.

[93] Gonzalez, R., S. Mehay, Bureaucracy and the Divisibility of Local Public Output. Public Choice, 1985, 45 (1): 89-101.

[94] Gore A. K. The Effects of GAAP Regulation and Bond Market Interac-

tion on Local Government Disclosure. Journal of Accounting & Public Policy, 2004, 23 (1): 23-52.

[95] Governmental Accounting Standards Board (GASB), Objectives of Financial Reporting. Concepts Statement No. 1. Stamford, CT: GASB, 1987.

[96] Guillamón, M. D., Ríos, A. M., Vicente, C., Transparencia financiera de los municipios españoles. Utilidady factores relacionados. Auditoría Pública, 2011, 55: 109-116.

[97] Guo, G., Retrospective Economic Accountability under Authoritarianism: Evidence from China, Political Research Quarterly, 2007, 60 (3): 378-390.

[98] He, J. and Tian, X., The Dark Side of Analyst Coverage: The Case of Innovation, Journal of Financial Economics, 2013, 109 (3): 856-878.

[99] Heald D, Georgiou, G., The Substance of Accounting for Public-private Partnerships. Financial Accountability & Management, 2011, 27 (2): 217-247.

[100] Hedlin and Pontus, The Internet as a Vehicle for Investor Relations: The Swedish case. European Accounting Review, 1999, 8 (2): 373-381.

[101] Howley, P., Scott, M., Redmond, D., Sustainability Versus Liveability: An Investigation of Neighbourhood Satisfaction. Journal of Environmental Planning and Management, 2009, 52: 847-853.

[102] Huang, Y., Inflation and Investment Controls in China, Cambridge Books. 1996.

[103] IMF Survey., Ministers Outline Measures to Strengthen Monetary System; Adopt Code of Good Practices on Fiscal Transparency, 1998, IMF Survey, 27: 113-15.

[104] Ingram R. W., Copeland R M. Municipal Accounting Information and Voting Behavior. Accounting Review, 1981, 56 (4): 830-843.

[105] Ingram, R. W., Economic Incentives and the Choice of State Gov-

ernment Accounting Practices, Journal of Accounting Research, 1984, 22 (1): 126 - 144.

[106] Isabel - Maria Garcia - Sanchez Beatriz Cuadrado - Ballesteros Cindy Sepulveda, Does Media Pressure Moderate CSR Disclosures by External Directors? . Management Decision, 2014, 52 (6): 1014 - 1045.

[107] Kaufmann, Daniel, The Missing Pillar of a Growth Strategy for Ukraine: Institutional and Policy Reforms for Private Sector Development, Harvard Institute for International Development, 1997: 123 - 134.

[108] Kido N., Petacchi R., Weber J., The Influence of Elections on the Accounting Choices of Governmental Entities. Journal of Accounting Research, 2012, 50 (2): 443 - 476.

[109] Knight F H. Cost of production and price over long and short periods [J]. Journal of Political Economy, 1921, 29 (4): 304 - 335.

[110] Larkey P. D., Smith R. A., Bias in the Formulation of Local Government Budget Problems. Policy Sciences, 1989, 22 (2): 123 - 166.

[111] Laswad, F., Fisher, R., Oyelere, P., Determinants of Voluntary Internet Financial Reporting by Local Government Authorities. Journal of Accounting & Public Policy, 2005, 24 (2): 101 - 121.

[112] Laurence Van Lent. Discussion of the Influence of Elections on the Accounting Choices of Governmental Entities. Journal of Accounting Research, 2012, 50 (2): 477.

[113] Lent V. L. Discussion of the Influence of Elections on the Accounting Choices of Governmental Entities. Journal of Accounting Research, 2012, 50 (2): 477 - 494.

[114] Li, H., Zhou L. A., Political Turnover and Economic Performance: the Incentive Role of Personnel Control in China. Journal of Public Economics, 2006, 89 (9): 1743 - 1762.

[115] Lyu, C., Wang, K., Frank, Z., Zhang X., GDP Management to Meet or Beat Growth Targets, Journal of Accounting and Economics, 2018, 66: 318 - 338.

[116] Magann, J. H., Municipal Disclosure: An Empirical Investigation. Ann Arbor Michigan: UMI Research Press, 1983.

[117] Marston, C. L., Shrives, P. J., The Use of Disclosure Indices in Accounting Research: A Review Article, The British Accounting Review, 1991, 23 (3): 195 -210.

[118] McCulloch B W, Ball I. Accounting in the Context of Public Sector Management Reform. Financial Accountability and management, 1992, 8 (1): 7 -12.

[119] Mcleod R. H., Harun H., Public Sector Accounting Reform at Local Government Level in Indonesia. Financial Accountability & Management, 2014, 30 (2): 238 -258.

[120] Meek, W. R., Pacheco, D. F., York, J. G., The Impact of Social Norms on Entrepreneurial Action: Evidence From the Environmental Entrepreneurship Context, Journal of Business Venturing, 2010, 25 (5): 493 -509.

[121] Mellor T. Why Governments should Produce Balance Sheets. Australian Journal of Public Administration, 1996, 55 (1): 78 -81.

[122] Migue, J. L. and G. Belanger, Towards a General Theory of Managerial Discretion. Public Choice, 1974, 17: 27 -43.

[123] Navarro, A., Ortiz, D. Alcaraz, F. J., Zafra, J. L. La divulgación de información sobre sostenibilidad en los gobiernos regionales y sus factores influyentes: Elcaso de España. Paper presented at 16st Congress AECA, Granada, Spain. 2011.

[124] Newberry S., Whole of Government Accounting in New Zealand: A Review of WGA Financial Reports from 1993 to 2010. Abacus, 2011, 47 (4): 501 -524.

[125] Niskanen W. A., Bureaucrats and Politicians. Journal of Law & Economics, 1975, 18 (3): 617 -643.

[126] Niskanen, W. A., A Reflection on Bureaucracy and Representative Government, The Budget Maximizing Bureaucrat: Appraisals and Evidence, University of Pittsburgh Press. 1991.

[127] Niskanen, W. A., Bureaucracy and Representative Government, Transaction Publishers. 1971.

[128] Opper, S. and S. Brehm, Networks versus Performance: Political Leadership Promotion in China, Lund University, Working Paper. 2007.

[129] Organization for Economic Cooperation and Development (OECD), OECD Best Practices for Budget Transparency. 2001.

[130] Pádua Ribeiro L M, Pereira J R, de Benedicto G C. The Role of Accounting in Public Govemance Process. African Journal of Business Management, 2013, 7 (29).

[131] Petra, Moser and Alessandra, Voena, Compulsory Licensing: Evidence from the Trading with the Enemy Act. The American Economic Review, 2012, 102 (1): 396 – 427.

[132] Philip K. Does Social Capital have an Economic Payoff? A Cross Country Investigation. Quarterly Journal of Economics, 1996: 112.

[133] Pina V, Torres L, Royo S. E – government Evolution in EU Local Governments: A Comparative Perspective. Online Information Review, 2009, 33 (6): 1137 – 1168.

[134] Piotrowski S J, Ryzin G G V. Citizen Attitudes Toward Transparency in Local Government. American Review of Public Administration, 2007, 37 (3): 306 – 323.

[135] Plummer E, Hutchison P D, Patton T K. GASB No. 34's Governmental Financial Reporting Model: Evidence on Its Information Relevance. The Accounting Review, 2007, 82 (1): 205 – 240.

[136] Prado – Lorenzo, J. M., García – Sánchez, I. M., Cuadrado – Ballesteros, B. Sustainable Cities: Do Political Factors Determine the Quality of Life?. Journal of Cleaner Production, 2012, 21: 34 – 44.

[137] Pridgen A. K., Wilder W. M., Relevance of GASB No. 34 to Financial Reporting by Municipal Governments. Accounting Horizons, 2013, 27 (2): 175 – 204.

[138] Qian, Y., Xu, C., Why China's Economic Reforms Differ: The

M – form Hierarchy and Entry/expansion of the Non – state Sector, Economics of Transition, 1993, 1 (2): 135 – 170.

[139] Raman K. K. , Wilson, E. R. , The Debt Equivalence of Unfunded Government Pension Obligations. Journal of Accounting & Public Policy, 1990, 9 (1): 37 – 56.

[140] Rios, AnaMaria, B. Benito and F. Bastida, Determinants of Central Government Budget Disclosure: An International Comparative Analysis. Disease Surveillance, 2013, 15 (3): 235 – 254.

[141] Robb A. , Newberry S. , Globalization: Governmental Accounting and International Financial Reporting Standards. American Journal of Physical Anthropology, 2007, 34 (1): 133 – 141.

[142] Robbins, W. A. , Austin, K. R. , Disclosure Quality in Government Financial Reports: An Assessment of the Appropriateness of a Compound Measure. Journal of Accounting Research, 1986, 24 (2): 412 – 421.

[143] Rossi F M, Brusca I, Aversano N. Financial Sustainability as a Driver for Transparency and E – Democracy: A Comparative Study in Italian and Spanish Local Governments. International Journal of Public Administration, 2018, 41 (1): 22 – 33.

[144] Ryan N, Reconstructing Citizens as Consumers: Implications for New Model of Governance, AJPA, 2001, 60 (3): 104.

[145] Sari E. N. Accounting Practices Effectiveness and Good Governance: Mediating Effects of Accounting Information Quality in Municipal Office of Medan City. Indonesia Research Journal of Finance and Accounting, 2015, 6 (2): 1 – 10.

[146] Schumpeter, J. A. , The Theory of Economic Development: An Inquiry into Profits, Capital, Credit, Interest, and the Business Cycle. Transaction Publishers, 1934.

[147] Shane, S. , Prior Knowledge and the Discovery of Entrepreneurial Opportunities, Organization Science, 2000, 11 (4): 448 – 469.

[148] Shane S, Venkataraman S. The promise of entrepreneurship as a

field of research. Academy of management review, 2000, 25 (1): 217 -226.

[149] Shih, V., Adolph, C., Liu, M., Getting Ahead in the Communist Party: Explaining the Advancement of Central Committee Members in China. American Political Science Review, 2012, 106 (01): 166 -187.

[150] Stevens, J. P., Outliers and Influential Data Points in Regression Analysis. Psychological Bulletin, 1984, 95 (2): 334 -344.

[151] Styles, A. K., Tennyson, M., The Accessibility of Financial Reporting of U. S. Municipalities on the Internet. Journal of Public Budgeting Accounting & Financial Management, 2007: 19.

[152] United Nations Economic and Social Commission for Asia and the Pacific, 2010, What is Good Governance.

[153] Vermeer, T. E., Styles, A. K., Patton T. K., Do Local Governments Present Required Disclosures for Defined Benefit Pension Plans? . Journal of Accounting & Public Policy, 2012, 31 (1): 44 -68.

[154] Vishwanath, T., D. Kaufmann, Towards Transparency in Finance and Governance. Social Science Electronic Publishing. 2001.

[155] Wagner, R. Spring. Revenues Structure, Fiscal illusion, and Budgetary Choice. Public Choice, 1976, 25: 45 -61.

[156] Xiao J., Yang S., Zhang X., Institutional Arrangements and Government Audit Independence in China. Abacus, 2016, 52 (3): 532 -567.

[157] York, J. G., Lenox M. J., Exploring the Sociocultural Determinants of De Novo versus De Alio Entry in Emerging Industries. Strategic Management Journal, 2014, 35 (13): 1930 -1951.

[158] Zanella G., Social Interactions and Economic Behavior. Department of Economics University of Siena, 2004.

[159] Zhang X., Li, G., Does Guanxi Matter to N farm Employment?. Journal of Comparative Economics, 2001, 31 (2): 315

[160] Zimmerman, J. L., The Municipal Accounti of Political Incentives, Journal of Accounting Research, 144.